ちゃんと泣ける子に育てよう
親には子どもの感情を育てる義務がある

希望每個孩子都能勇敢哭泣

情緒教育，
才是教養孩子真正的關鍵

大河原 美以——著
陳嫻若——譯

自由學習 33

希望每個孩子都能勇敢哭泣

情緒教育，才是教養孩子真正的關鍵

作　　者　大河原 美以
譯　　者　陳嫺若
責任編輯　林博華
行銷業務　劉順眾、顏宏紋、李君宜
總 編 輯　林博華
發 行 人　凃玉雲
出　　版　經濟新潮社
104台北市中山區民生東路二段141號5樓
電話：(02)2500-7696　傳真：(02)2500-1955
經濟新潮社部落格：http://ecocite.pixnet.net
發　　行　英屬蓋曼群島商家庭傳媒股份有限公司城邦分公司
104台北市中山區民生東路二段141號11樓
客服服務專線：02-25007718；25007719
24小時傳真專線：02-25001990；25001991
服務時間：週一至週五上午09:30-12:00；下午13:30-17:00
劃撥帳號：19863813；戶名：書虫股份有限公司
讀者服務信箱：service@readingclub.com.tw
香港發行所　城邦（香港）出版集團有限公司
香港灣仔駱克道193號東超商業中心1樓
電話：852-2508 6231　傳真：852-2578 9337
E-mail: hkcite@biznetvigator.com
馬新發行所　城邦（馬新）出版集團 Cite (M) Sdn Bhd
41, Jalan Radin Anum, Bandar Baru Sri Petaling,
57000 Kuala Lumpur, Malaysia.
電話：(603) 90578822　傳真：(603) 90576622
印　　刷　漾格科技股份有限公司
初版一刷　2020年8月6日

城邦讀書花園
www.cite.com.tw

ISBN：978-986-99162-1-9

定價：330元

Printed in Taiwan

當孩子說他想尿尿時，家長回答「忍住」，結果會怎麼樣？
他會生病吧。
當孩子流眼淚時，家長回答「不要哭」，結果會怎麼樣？
答案也是相同的。

情緒，只是在身體中流動的一股混沌能量。如果硬要他忍住，就會生病。
當孩子還小的時候，想哭就哭，不怕麻煩別人，將身體裡的能量如實地表現出來，就是「健康」，就是「生存力」的來源。

推薦序

情緒教育最好的實施者，就是父母

陳志恆

如果，你的孩子只有一歲多，正在搖搖擺擺地學走路，不小心跌倒了，放聲大哭，第一時間你會回應他什麼呢？

你的回應方式，往往會是你在面對自己情緒時的態度與因應方式；同一時間，你已經在對孩子進行「情緒教育」了，讓孩子知道，如何因應發生在自己身上的情緒。

面對孩子跌倒時的哭泣，大人們常見有兩種回應方式，第一是說：「喔！不痛、不痛！不哭、不哭！沒事了、沒事了！」不然就是告訴孩子：「只不過是跌倒了，有什麼好哭的，快站起來！」

前者是暗示情緒感受不需要存在，後者則是責備孩子有情緒感受是不對的。這些都是「否定情緒」的情緒教育方式，也是造成大部分的孩子長大後，對情緒感受陌生，以及無法有效安頓負面情緒的原因。

當然，也有大人對孩子的痛苦視而不見、漠不關心，還可能造成孩子日後嚴重的情緒與心理困擾。

情緒感受，不論開心、愉悅、興奮、滿足，或者沮喪、無力、憤怒、自責等，都是真實發生在人身上的經驗。當孩子從小就不被允許擁有這些情緒感受時，長大後也會不允許自己體驗這些情緒，當然不懂如何與情緒共處。

麻煩的是，當孩子長大後成了父母，只要遇到自己的孩子放聲哭泣，或出現憤怒、激動或無力等負面情緒時，強烈的內在焦慮便被引動。而這份內在焦慮感是如此的難受，也無力招架，只好又透過「否定情緒」的方式來排解。於是，就責備孩子出現負面情緒是不對的，不然就是暗示負面情緒並不存在，不需要去在意。

但是，大部分的父母，並不會覺察自己究竟做了什麼；而是打從內心深處期待自己教養出一個「溫順」的孩子。也就是，不要動不動就生氣，要能聽大人的話，收起自己的脾氣，多體貼別人一些。

這樣的孩子，會被冠以一個看似稱讚的形容詞，那就是「乖」。

《希望每個孩子都能勇敢哭泣》的作者大河原美以點出了這個現象，並分析，當一個溫順的乖孩子，其實是沒有自己的，他們不允許自己顯露憤怒、憂愁或不滿，用這種方式來體諒父母的辛勞，回應父母的需要。

這是對父母一份愛的展現，卻為他們自己帶來了諸多麻煩。

漸漸地，他們無法在其他地方表露情緒，而成了被人欺負的對象；或者，長期累積又壓抑已久的委屈與無力，轉成難以控制的暴怒、敵意與攻擊行為，各種人際衝突在團體生活中接踵爆發，成了師長眼中的頭痛人物。

而父母在接到孩子在學校裡出事的消息時，第一時間的反應常是：「怎麼會這樣？他在家裡都很乖的呀！」未來，在職場上或新組成的家庭中，這些孩子還會不斷遇到各種困境。

我曾遇過一個研究生，正在攻讀博士學位。他來上我的心理成長課，他的問題與其他人不一樣，不是情緒失控或感到不快樂，而是「感覺不到情緒」，或者說，任何情境都難以激發起他的情緒反應，不論正向或負向皆然。

為此，他覺得自己不太正常，也想一探究竟自己為什麼會這個樣子。於是我問：

「你喜歡這樣的自己嗎？」

「還好，沒有太喜歡，也沒有太不喜歡。」

「你覺得，這會為你帶來困擾嗎？」

「其實也還好，但我前幾任的女朋友，常嫌棄我是個情感麻木的人，沒辦法體會她們的心情，覺得難以接近我的內心。所以，每一段感情總是不會維持太久。

「我一直以為，自己是個情緒穩定的人，後來才發現，原來是無法感受到快樂或難過，當然也無法體會或接近別人的情緒感受。這該怎麼辦呢？」

他說話時的表情，也相當平板，讓人有著莫名的距離感。

深談之後才知道，他從小出生在軍眷家庭。父親隨著部隊長期外派，很少回家，而母親一人帶著三個小孩長大。他是家中老大，從小被母親要求要堅強，做弟弟妹妹的楷模。印象中，小時候若委屈落淚時，會被母親責罵為懦弱。因此，在很小的時候，他就懂得收起自己的情緒，強裝鎮定，透過優異的課業表現來取悅母親。他知道，這是唯一可以看到母親笑容的方式。

他是典型的「溫順」乖小孩，但長期不被允許擁有情緒，而與自己的情緒感受漸漸疏離。儘管自幼才華洋溢、成就非凡，但卻難以與他人建立長期且深厚的情感互動。

當情緒智能被當代普遍視為一個人日後是否能過得成功快樂的關鍵因素時，情緒教育也逐漸受到重視。然而，我得大聲呼籲，情緒教育最佳的實施場合，就是家庭；最好的實施者，就是父母。

父母要有能力把孩子的情緒感受，如實地給承接住，重視並接納孩子的任何情緒經驗。當見到孩子難過時，不是告訴孩子：「不要難過」，而是回應孩子：「我知道你很難過」，讓孩子知道，他可以難過，同時，有人願意接納他與理解他。這會讓孩子感到安全，知道自己的感受是重要的，而願意放心地表達自己。

孩子漸漸長大後，便會學到用同樣的方式對待自己的情緒，能夠辨識情緒，也能向他人適當地表達自己的感受。當遭受侵犯或不合理的對待時，會向內連結自己的感受，若感到不舒服，也能堅定地拒絕，要求他人給予尊重。

同時，他們也懂得尊重別人的感受，能友善地對待身旁的人。

把孩子的情緒給承接下來，對許多父母而言，是相當大的考驗。因為，過去從未被如此對待過，而成為父母後，卻需要對孩子這麼做。好在，《希望每個孩子都能勇敢哭泣》這本書，透過對話與案例的方式，幫助你檢視自己對孩子的情緒教養是否適切，進而更能勝任這項任務。

在這過程中，最難面對的，其實是自己。因此，你也需要給自己時間，不斷地重新梳理自己的情緒感受。陪伴孩子，也陪著自己重新長大一遍。

（本文作者是諮商心理師、作家，著有《此人進廠維修中》、《受傷的孩子和壞掉的大人》、《叛逆有理、獨立無罪》、《擁抱刺蝟孩子》等書。）

推薦序

別在孩子最需要我們的時候，期待他像個大人般勇敢堅強

張閔淳

「這有什麼好哭的，哪有人像你這樣動不動就哭」

「他總是這麼貼心聽話，你要跟他多學學」

「妹妹跟你搶玩具你都沒有生氣，你是個好棒的哥哥」

在某一次的工作中與孩子談到他的家庭變動與失落時，孩子開始眼眶泛淚、眉頭深鎖、雙手握拳，進一步了解孩子的狀態後，他說出了這樣一句話：「男生要勇敢，不能掉眼淚。」現在回想起來仍令人感到心疼。

在教養的過程中，我們經常很自然地就會和孩子說出「不准哭、不能生氣」這類型的話，我們期待在許多時候，孩子可以表現出溫順、成熟，並且能有控制自己情緒與行為的能力。因此當孩子表現出哭泣、憤怒、反抗的行為或情緒時，我們可能會對孩子說出威脅性的話語，期望孩子能快快地穩定下來，或是因為孩子的狀態也激起了自己的情緒，而對孩子表現出憤怒甚至是拒絕的反應。

我從工作經驗中發現，孩子會因為父母這樣的回應方式而出現兩種常見的反應：

1. 以更激烈或張力更大的行為表現；
2. 因為感到恐懼與被威脅，而試著忍住或壓抑自己的情緒。

然而，不論孩子用哪種方式來因應自己的情緒，必然都會對親子關係造成影響。在現場實務中，我遇過多數的孩子，他們因為期待自己符合父母的期望而表現出應有的行為，為了想維持在父母心中完美的形象或害怕父母的權威等，而努力地隱藏自己，但這些應該獲得適當抒發與宣洩的情感因為沒有機會與空間表達出來，許多孩子到了國小高年級、青春期階段，開始出現自我傷害、叛逆、偏差行為、拒學等狀況，他們用這些方式來表達那些無法被自己及他人所接納的情緒與感受。任何情緒都需要出口，當我們阻礙了孩子表達時，這些情緒並不會因此而消失，它會用更多、更加嚴重的行為去反應，而這些真的是我們能接受與承受的嗎？

在與孩子互動與相處的過程中，我們一定很常為了孩子的事情動怒與生氣，若請你回想一下，當孩子做了讓你生氣的事，你會怎麼回應孩子？你通常需要多久時間讓自己情緒平復，並用建設性的方式給予孩子適切的回應？

在大多數的情況下，我們能與孩子維持穩定且親密的關係與連結，但是在衝突時，時常父母自己的情緒也被孩子的行為所擾動或激起，這時要與孩子保持接納與正向連結就相對困難許多，但此時偏偏孩子也情緒混亂，難以釐清自己究竟發生了什麼事，這時更需要我們來協助孩子了解生氣的原因、憤怒底層的情緒與感受、學習如何好好生氣，這不但可以幫助孩子接納自己的情緒，更重要的是，當孩子可以透過你的回應了解自己除了生氣之外還有許多被自己忽略掉的感受與內在經驗時，這可以增加孩子對自己的了解與覺察能力，下次再遇到同樣情況，情緒反應也能大大降低，這是孩子在情緒教育中相當重要的學習。

在情感教育中有一個重要的概念是「情感的鏡映」，是描述孩子在情緒的當下，我們就如同孩子的一面鏡子，我們需要接納並回應孩子當下的情緒感受，透過我們的引導與回應，讓孩子能夠消化他內在那些不安、悲傷、憤怒等情緒，透過這過程，孩子體驗到自己的情緒是能夠被重要的人好好地尊重與對待，而這也會讓孩子學到能夠如何好好地對待自己。身為父母的我們需要知道，在情緒的養成中，要先讓孩子安心地依賴父母，未來他才能夠健康地依賴自己。

很高興能有這樣的一本書出版——《希望每個孩子都能勇敢哭泣》，作者透過與許多父母的對話，細膩且貼近父母的教養脈絡及孩子成長中所面臨的種種議題。從父母的觀點、立場及角度，以深入淺出的筆觸引出教養中許多重要的觀點與教養的迷思。沒有人生來就會當父母，我們的教養會因為每個孩子的獨特性、不同的階段與年齡而需要有適當的彈性與調整，更多時候我們也從與孩子的互動中學習及認識自己，摸索著自己過往也曾有過的失落、渴望與期待，透過對自己過去在關係中的經驗與覺察，在教養中帶來新的省思與調整，期望我們都能夠成為支持與理解孩子的那位重要大人。

（本文作者是諮商心理師、作家，著有《別以為乖乖牌的孩子情緒很安全》。）

目次

第2章　孩子的「心理問題」是怎麼產生的？

第3章　在學校裡，孩子所面對的危機

第4章　現在，父母該怎麼做？

第5章　大人的義務與責任

前言

孩子是父母的心頭肉。
孩子賜給我們許多的喜悅與滿足。
但同時，孩子也帶給我們許多的不安與苦澀。
為什麼，我們的孩子會讓我們這麼虐心呢？

父母有責任去好好地培養孩子的情緒。
既然生下了孩子，就有這個責任。
「責任」是很強烈的字眼，但我還是想直言不諱地這麼說——
為了善盡這個責任，為人父母必須痛下決心。

為人父母疼愛自己的孩子，那樣的決心。
聽起來像是理所當然而已，但其實難度很高。
因為如果父母疼愛孩子，只是把孩子當成療癒心靈的慰藉，或是父母疼愛孩子，只為了滿足自己的自尊心，那就沒有盡到責任。

如今，年幼的小孩在情緒的發展方面，可以說正處於一種危機。
因為像是小學階段的孩子，竟然會發生超乎我們的常識所能理解的事件。
而且，令人遺憾的是，這樣的危機父母親無法置身事外，不論是費盡心思照書養，還是滿不在乎照豬養，它都會發生在親子關係中。

儘管父母親已經全心全意地疼愛孩子，可惜卻讓孩子的情緒發展瀕臨危機，越是希望他成為善體人意、溫柔乖巧的孩子，越是會教出無法控制自己情緒的孩子。
這便是現在這時代育兒的現實。

這本書是為現在正努力養育子女的爸爸媽媽們所寫的。讀到第四章之後，我想各位就能體會我寫這本書的目的。

第一、二、四章，是以與家長們對話的方式寫成的。

第三章則是與小學老師們的對話。

我希望藉由這種對話的形式，能讓讀者在閱讀時可以解開自己的疑問。

另外，第五章記述的是我的想法。

我深切希望，這本書能有助於您照顧您的寶貝健康長大。

第1章

如何對孩子進行情緒教育？

1　當你希望你的孩子是個「乖寶寶」

勇太和步美今年三歲。

我想和勇太、步美的爸爸媽媽一起討論，要如何培育孩子的情緒。

勇太媽媽：你說「父母有培育孩子情緒的責任」，可是要怎麼做呢……情緒要怎麼教育？教他成為忍耐力強的孩子就好了嗎？

孩子出生之後，每個父母都會期望他成為「乖寶寶」。一般人一說到乖寶寶，似乎都認為就是忍耐力強的孩子。

但是，這是個很大的誤解。平常說到「忍耐力強的孩子」，腦中想像的大概是不動聲色的孩子，總之，就是不會動不動就哭、鬧、不高興、鬧彆扭的孩子，因為這種不鬧事的孩子我們都會稱讚他是「乖寶寶」。

可是，教育孩子的情緒，不是要他成為不表露情緒的孩子，反倒是要讓孩子「誠實地表達情緒」。

勇太媽媽：可是，如果孩子動不動就哭、鬧、不高興、鬧彆扭的話，我會很傷腦筋，而且任他發脾氣的話，別人也會覺得，孩子的爸媽沒有好好管教。不管他年紀再小，如果言行舉止不懂得看場合，那可就麻煩了……。

是啊，周遭人的眼光會讓孩子的父母感到非常憂慮。他們總會惴惴不安地想，自己不能控制好孩子的行為，別人會不會認為「你們沒有資格當父母」。

勇太媽媽：因為我母親和我婆婆都認為，父母要嚴格管教，孩子才會乖巧。只要我家小孩比別的孩子略差一點，她們就會說：「你平常沒有教他嗎？」感覺壓力好大哦。

而且，我婆婆會說：「我不會由著孩子那麼任性」，她那種口氣好像是說我放縱孩子不聽話似的。所以如果孩子哭鬧、不聽話，我好像就成了不夠格的母親……

就是呀。所以，父母們非常害怕讓孩子自由地表露情緒，從孩子小的時候，就傾向要求他們當個懂事的乖孩子。

步美媽媽：你告訴我們「教孩子放心哭泣」，可是我很怕步美哭耶。她一哭，我就手足無措，頭腦一片空白，充滿了無力感。所以，只好一再地安撫她不要哭、不要哭。雖然心裡也在想，會不會對她保護過度。

勇太媽媽：我跟你相反，我會很生氣的罵他：「你哭什麼哭！」結果他哭得更大聲……。等我一回神，發現自己在發脾氣，又開始痛恨自己。

爸爸們有什麼看法？

從爸爸的角度，你們認為「培育孩子的情緒」是什麼樣的概念？

勇太爸爸：我個人基本上是覺得，對孩子不要管太多，他自然會長大。可能母親們比較神經質吧。

你說「教孩子放心哭泣」是什麼意思呢？

根本來說，不要讓他哭不是比較重要嗎？

我自己的做法是，孩子哭的時候，基本上就不理他。從小到大，我父母也是用放牛吃草的方式，而且我父親好像沒有特別對我做過什麼……。所以如果你問我父親的角色是什麼，我會感到有點困窘，因為我不知道你們期待什麼答案。現在這個時代，孩子沒有好好管教的話，別人也會批評父親。從這個層面來說，我也很傷腦筋，不知道該怎麼做才對。

步美爸爸：我和勇太爸爸相反，從小我父親對我管教得很嚴，所以我認為父親的角色就是要嚴格，只有對孩子嚴格要求，她的心靈才會成長。

只不過我們家是女兒，只要對她嚴格一點，她就會嚇得不敢作聲，或是發起愣來。女兒真的很難教耶……事實上我開始有點不確定，也許嚴格不是唯一的教育方法。

謝謝兩位家長的分享。你們剛才說的，其實和現在這時代很多父母的心得相同。各位家長都是費盡心思地在照顧孩子，尤其是母親，每天參與育兒的時間很長，每天的生活一定為此相當煩惱吧。相對的，爸爸們從孩子還小時，就抱著比較樂觀的態度，覺得「我自己小時候也是放牛吃草長大的，既然孩子會自己成長，就不用特別教吧。」

但是，現在這個年頭，已經不是孩子自己會長大，可以放牛吃草的時代了，孩子們的情緒發展陷入危機，已經是我們不能不面對的現實。

步美媽媽：請別這麼說，我越來越不知道該怎麼教育孩子了。

勇太爸爸：壓力好大哦，那麼我們必須從頭開始學習教孩子的方法嘍？

我想，與其重新學習，也許改變觀念，跳脫原本「必須教出乖寶寶」的想法比較重要，這種受到傳統束縛的觀念，就來自於自己成長的環境中。

我們都期望能培育出「貼心的孩子」，而期望自己孩子「溫順」的風潮，似乎在最近特別明顯。在此，稍微引用一下萬代（Bandai）玩具公司官網每個月進行的「萬代兒童問卷」（http://www.bandai.co.jp/kodomo/）二〇〇三年度的調查結果。

在問卷的參加者當中隨機抽出〇歲到十二歲的男女童各一〇〇〇名的家長，而得到了以下的結果。對於「您的孩子的優點是什麼?」這個問題，有四一．一%的人回答「溫順、貼心」。對於「用什麼話讚美孩子，他會感到開心」的問題，三~五歲的部分，最多人選擇「你會打招呼耶，好棒哦」，六~八歲和九~十二歲的部分，最多人選擇的都是「你真乖」。進而，對於「您希望孩子以後長大，成為什麼樣的大人?」的問題，前三名分別是「溫順」(二八．四%)，「貼心」(一八．九%)，「了解別人的傷痛、心情」(一四．〇%)，加總起來共有六一．三%。

這份萬代兒童問卷的結果充分顯示出，現在正在育兒的家長十分看重孩子「溫順」、「貼心」的形象。並且也有將「溫順、貼心的孩子」認同為「乖孩子」的傾向。

但是，現實中，在父母面前多半採取「溫順」舉止的孩子，到了學校或大人看不見的地方，陷入無法控制的攻擊性情緒的人卻有增長的趨勢。在許多學校，這已經演變成嚴重的問題，甚至讓教師陷於崩潰的危機。

這個現象意味著我們必須認真地重新思考，我們要求孩子做到的「溫順」，其本質究竟是什麼。**如果要求孩子「溫順」是為了「讓父母感到安慰」，那麼將會嚴重妨礙孩子在情緒上的發展。**

當父母期望自己的寶貝成為「溫順的孩子」、「貼心的孩子」時，應該意味著當孩子長到二十歲時，希望他會成長為「溫順的大人」、「貼心的大人」，希望孩子長大成人之後，到社會上工作，能成為從工作中得到喜悅，愛護家人、懂得守護心愛事物的大人吧。

在孩子小的時候，既然他是個對父母親切、貼心又溫順的孩子，那麼照理說，父母再怎麼樣都不會希望當他長大成人時，變成一個無法出社會，會傷害、欺騙他人，對心愛的太太和孩子施暴的大人吧。

我們對育兒有個很大的誤解，那就是誤以為若要讓孩子長大後成為一個貼心的人，就必須打從他出生開始，從小到大一直都是個貼心的孩子。

首先，教育孩子時必須有一個認知，孩子本來就不是完美無缺的，他會讓父母費盡苦心。

步美媽媽：咦——，真的嗎？從我小時候，大人就不斷告誡我：「要多想想別人的心情」，所以我以為孩子從小懂得考慮別人的心情，長大之後，也會成為一個貼心的孩子。

剛出生的嬰兒隔兩個小時就會肚子餓哭鬧，不管是不是半夜，也要把母親吵醒。不論母親睡眠不足多麼嚴重，寶寶還是會彷彿世界末日般放聲大哭。等他吃飽喝足，心情舒服，就會香甜地進入夢鄉。

嬰兒這種「不怕麻煩別人」、索討需求的能量，是「生存力」的來源。在孩子年幼時為他保有這種能量，是培育豐富心靈與生存力的重要關鍵。

實際上，母親如果陷入「產後憂鬱」的狀態，寶寶也會變得不太會哭。即使剛出生的寶寶也會對母親的危機狀態產生反應，顧慮到母親的心情，但是同時卻也會削弱嬰兒自己的「生存力」，甚至我們可以把幼年時期就懂得看周圍臉色的孩子，看作是生存力削減的表現。可是大人會期望孩子懂得看人臉色，因為這樣的話，大人比較容易控制狀況。

勇太爸爸：「受到傳統束縛的觀念」，這意思我明白，可是寶寶「不怕麻煩別人」的能量是「生存力」這種說法，我還是第一次聽說耶。

確實，也許我們都被「怎樣的孩子才是乖寶寶」的傳統觀念所綁架了。

嬰兒的時期，大人聽到寶寶的哭聲，馬上會有動作，想盡辦法照料寶寶，看到寶寶香甜的睡臉會感到安慰，也能感受到育兒的喜悅。但是等孩子稍大一點，我們大多會要求孩子配合大人，控制情緒，要求他們隨時都要笑咪咪、健康又快樂的生活。

事實上，孩子在幼兒時期，以自我為中心，絲毫不考慮父母的麻煩，將自己身體內的能量如實地表現在情緒上，便是「健康」。從大腦發育的過程來說，這是極其自然的事。

勇太媽媽：嗯，有道理耶。嬰兒時的自我中心我能了解，而且也容許他們，但是等到開始學步、聽得懂幾個字之後呢？然後，從二歲左右開始，孩子會說「不要不要」，那時候我就會失去耐性，會發脾氣，覺得「你怎麼不懂媽媽的心情呢？」我知道生氣對孩子不太好，可是……

寶寶是帶著「哭」的力量「呱呱墜地」，剛開始只要肚子餓、覺得熱、覺得冷，身體處在不舒服的狀態時，就會用哭來求助。

寶寶的哭其實是在吶喊：「幫幫我、幫幫我」。對嬰兒來說，肚子餓是攸關生命的事情，跟大人肚子餓的意義不一樣。因為嬰兒是在極脆弱的狀態下出生，如果放著不理，他就會死亡。為了保住自己的生命，他一出生就具有用哭來警示他人的能力。

吸完母乳或牛奶，獲得溫暖之後，身體感到舒暢——每天透過這種周而復始的行動，寶寶獲得了人類心靈成長時最重要的情緒，那就是「安心感與安全感」，一種求助就能得到幫助的放心和安全感。而我們經常忽略了這種讓身體安心、感到安全的力量有多麼重要。這種情緒是心靈成長最最重要的基石。

寶寶感到不舒服鬧彆扭的時候，爸爸媽媽將他抱起來安撫照料，讓寶寶找回身體安心、安全的感覺，是嬰兒期的育兒基本原則。若要培育孩子的情緒，這種每天看似理所當然的行為，在他稍大之後也同等重要。

可是，孩子長大一點後，「一旦哭鬧就要抱」變得有困難。雖然孩子心情好的時候，父母樂於一再地抱他，但是孩子哭鬧的時候也要抱嗎？似乎很多爸爸媽媽都選擇不抱。

步美媽媽：對，我就是這樣。孩子開始哭鬧的話，我會先想辦法讓她不要哭了，除非她破涕為笑，我是不會抱她的。

步美爸爸：我的話，通常是罵她她才哭的，所以，當然不會抱。

勇太媽媽：我怕他養成動不動要抱的習慣，或是變得任性，又怕他變得嬌縱，顧慮到很多事，所以覺得不可以抱他。

勇太爸爸：哭鬧的時候去抱他，孩子不是會哭得越大聲嗎？所以我是認為，不要理他就好了……這麼做不對嗎？

本書撰寫的宗旨，就是要告訴家長，當孩子哭鬧，也就是受到不愉快的情緒影響時，為什麼擁抱對他的情緒發育那麼重要。

受到問題行為或症狀等不適應所折磨的孩子，會透過隨後治療的過程，告訴我們擁抱有多麼重要。

2 什麼是「情緒教育」？

我們在學校裡，透過道德或國語的教材，學習到許多別人的心情或是將心比心的情操，而漸漸長大為成熟的人。但是有誰教過我們「我很快樂」、「我很傷心」或是「我很生氣」、「我很擔心」等情緒呢？一般來說，自懂事以後，自然而然就懂了，並不需要人教。總而言之，我們是在理所當然了解自己情緒的前提下，活在這個世界上。

但是，實際上，了解自己的情緒是非常困難的事。即使是大人，自己搞不懂自己的情緒也並不少見，像是一個人大發脾氣，其實是因為心裡難過；臉上在笑，其實緊張得不得了等等。

但是，越來越多孩子不了解自己的情緒，甚至成了現代小孩的特徵，我認為這是非常嚴重的問題。為什麼孩子們會「不懂自己的情緒」，那是因為他在發育過程中遇到了許許多多的問題。

所以，**孩子確實感受到自己的情緒，這是非常重要的事，這一點請務必牢記**。孩子重視「我開心」、「我傷心」、「我生氣」等自己的情緒，是對於成長很重要的一門課。

勇太媽媽：我明白孩子說「我很開心！」的重要性，而且我也十分重視，可是我覺得不可以說「我很傷心」或是「我很生氣」這類的話，也不明白你為什麼認為它很重要。而且，孩子也很少會說這種話……

的確，也許勇太媽媽的這種感覺很正常。

不過我真的希望大家看完這本書之後，能夠打破這個觀念。大多數的孩子大概從三歲左右開始，就會說「我開心」，但是會不會說出「我傷心」、「我生氣」、「我惱恨」等負面、不快情緒，每個人各不相同。

到了上國中、上高中、念大學之後，如果還是說不出「我傷心」「我惱恨」之類的話，也就是說他不太了解自己的情緒，於是就動手打人、惡言叱罵、惡作劇或是嘲諷，有時也會肚子痛、吃不下飯，甚至發生割腕的情形。

步美媽媽：什麼？這麼嚴重嗎！即使孩子說他很重視自己的情緒也會？每次步美哭的時候，可能我只想著她一哭，自己就很困擾等等，卻沒有注意到步美在哭的心情是怎麼樣……

步美爸爸：哎，妳有時候就是這樣，然後老是想辦法去逗步美開心，於是我便想「那我得負起管教的任務」就板起臉孔嚴格要求她……但是，當然啦，我也沒有想過步美會有什麼心情，一味覺得有個「好好管教的人」很重要，只關注到自己的角色，從這一層意義來說，我跟她媽媽沒什麼兩樣……。

是啊，所以，**身為父母要下定決心，其中也包括關注重視孩子的情緒，多於父母自己情緒的決心**。

許多家長在孩子發生某種不適應之後，才去面對這樣的試煉，但是如果能提早轉變方向，當然是最好的。

我們都愛孩子，總是希望盡可能不要帶給孩子憤怒、悲傷、憎恨、恐懼和不安等情緒，期望孩子每天都笑容滿面、健康開朗。只要孩子笑容滿面、健康開朗，就代表他們不會受到憤怒、悲傷、憎恨、恐懼和不安的影響，家長就可以安心了。

但是，遺憾的是，再怎麼不想帶給孩子、或讓他們感受到負面的情緒，孩子還是不可避免地會感受到憤怒、悲傷、憎恨、恐懼和不安。

因為這是一種生理現象，生理現象的意思是身體的反應。**情緒是流動在身體裡的能量，是一種用意識無法控制的身體反應**。

看到小弟弟在吸媽媽的奶，身體中流動著妒恨的能量；今天爸爸陪我一起玩，身體充滿了開心興奮的能量。餓著肚子睡覺的時候，身體裡流動著就是不高興、犯嘀咕的能量。

我們常會用「一肚子氣」、「怒火中燒」來形容憤怒，那是因為我們會從身體的反應感受到強烈的憤怒情緒。開心的時候、快樂的時候，身體中會湧出精力充沛的感覺吧。

憤怒的時候，血壓會上升，滿臉通紅，為了壓抑怒氣，也許雙手還會發抖。悲傷的時候，熱意直衝而上，淚如泉湧。這麼直接地感受到這些情緒時，快樂、悲傷的字眼，會與身體的感覺連結在一起。

如果各位能認同，情緒是身體的反應，是生理現象的話，應該就能充分理解我接下來所要說的話。

當孩子說他想尿尿時，家長回答「忍住」，結果會怎麼樣？

他會生病吧。

當孩子流眼淚時，家長回答「不要哭」，結果會怎麼樣？

答案也是相同的。

情緒的表露是種生理現象，這表示如果要他忍住就會生病，這一點都是相同的。

勇太媽媽：啊，糟糕。你是說我兒子會生病嗎？我每天都會大聲吼他：「不准哭！」

步美爸爸：我們家也是。孩子一哭，我太太就會恐慌，我也很生氣，總是大聲斥喝：「不要哭！」現在改太遲了嗎？

不管爸爸媽媽再怎麼斥喝「不准哭」，對孩子毫無效果的話，那倒是不用擔心。

請回想剛才說過孩子「不怕麻煩人」的能量。**即使大人再怎麼怒罵，孩子還是不管父母的心情，照哭不誤的話，就表示他充滿了「生存力」。**

但是，這種狀態下，對於孩子罵不聽而感到火大的父母才是問題所在，所以它也許會變成惡性循環。

孩子哭的時候，如果能用淡然處之的態度輕鬆面對，出乎意料的，孩子可以立刻停止哭泣。

勇太媽媽：這番話再次讓我大開眼界了。這麼一想，勇太的確充滿了「生存力」哦。我每次吼他，他就哭得更大聲，真如你所說的是惡性循環。如果我放輕鬆一點會比較好吧？

步美爸爸：我們家的話，我是有點擔心啦。步美基本上是個溫順的孩子，只要我罵她，她立刻就不哭了。可是眼神會游移不定。我覺得她應該是個懂事的孩子，但是有點擔心，從她眼神的樣子看來，應該是很害怕……

步美媽媽：啊，那怎麼辦!!

孩子會有些與生俱來的性格，有的孩子強韌，像勇太，有的孩子敏感，像步美。這是他們的個性，都是非常好的個性。

敏感的孩子感受力強，善於領會父母期望什麼，比較容易迎合父母的期望，做個「乖孩子」，所以家長潛藏著不知不覺就疏於關注的危險。因為孩子懂得察顏觀色，漸漸就成為「不需費心的孩子」，從小時候就不太需要辛苦帶他，所以很容易大意疏忽。

所以，**對待敏感的孩子，父母反而更要去留意，必須常常注意孩子有沒有如實地表現出憤怒、悲傷、不安等負面情緒，是否有在壓抑情緒**。

而強韌的孩子會有不怕麻煩父母的傾向，對父母來說，是個非常「花心思」的孩子。就像勇太媽媽告訴我們的，越罵哭得越兇，所以罵得更大聲，很容易陷入惡性循環。

所以，**面對強韌的孩子，希望父母常常在心裡念著「不怕麻煩父母是生存力的證據」，放鬆一點去對待他**。

育兒這件事，只要一察覺，改過來就來得及。親子之間的紐帶十分強大，只要父母想為孩子而改變，從那一刻起，孩子就能感受到這份心思。

其實就算是孩子長大，出現問題行為或症狀之後，從家長察覺到的那一刻開始改變做法，也都還有用。第4章我們會介紹許多對親子如何克服挫折，建立更豐富美滿關係的例子。

只不過，當然趁著孩子年紀還小的時候，彼此之間一定比較沒有負擔，因為幼年的時候，可以靠著父母的力量幫助孩子，而上了高中以後，父母可以幫助孩子的部分就變得很少了。

步美和勇太都才三歲，所以現在「當他（她）哭的時候抱抱她」的話，就不用擔心了。

3 教孩子成為一個能控制憤怒、悲傷與不安的人

好，那麼，我想說明一下，為什麼「哭的時候抱抱他」非常重要。

各位知道寶寶一開始是如何學會語言的嗎？

很多孩子學會的第一個字，大概是表示母親或食物的「媽媽」或「饅饅」吧。最想要的東西、能滿足他欲望的「物」與「物的名字」合而為一時，他就能學會那個字了。當他獲得草莓、香蕉、電視、花、椅子、桌子等「物的名字」，他的語彙也就跟著增加了。

但是，像「開心」「悲傷」「寂寞」等表達情緒的字，並沒有實體的「物」。沒有「物」的話，他們要如何學會呢？

比方說，爸爸媽媽帶步美去盪秋千，從背後幫她推出去，她一定會興奮得尖叫吧。拂面的風好舒服，天空在搖晃，輕飄飄的感覺讓她開心極了。這種時候，媽媽或

爸爸自然地對她說：「開心吧？」「好玩吧？」

這時候，爸爸媽媽感受到流過步美身體中的喜悅能量，所以把它化為語言表達出來，自然而然產生了互動。而對孩子而言，流過自己身體的能量感覺、身體感覺與「開心」這個詞結合為一，因而學到了這個詞。

總而言之，身體感覺相當於「物」，「開心」相當於「物的名字」。所以，孩子隨時需要與大人有互動交流，才能獲得表達感情的語言。**感情、情緒只不過是在身體中流動的一股混沌能量，但是一和語言結合起來，這種能量就成了可以傳達給別人的東西。這種過程叫做「情緒的社會化」**。

對於「開心」的情緒已經過社會化的人們來說，只要使用「開心」這個詞，就可以推測這種情緒表現的身體感覺。憑藉這種情緒可以達到共享。

步美從幼稚園回來，告訴媽媽：「我今天很開心喲！」她是在向媽媽表達，與母親分離的這段時間所體驗到的開心的身體感覺。藉此媽媽可以理解步美在幼稚園裡有過什麼樣的體驗。

這種「情緒的社會化」是將自我感情傳達給他人的基本能力。

剛進入青春期最初體驗到的感情，是戀愛的感情，也許回想一下初戀時的情形，比較容易體會情緒的社會化。

不知道為什麼，老是在意那個人、對上目光時心頭就怦怦跳、胸口會感到酸楚等等，出現這些身體感覺，正是明白「啊，我戀愛了」的一刻。從感傷的身體感覺與「戀愛」一詞相連結開始，就是與朋友可以共享戀愛話題的時候，對吧？

身體感覺的情緒與語言產生連結，透過語言而可以與他人共享。這就是情緒社會化的過程。

開心、快樂等正面情緒的社會化，不論古今都進行得十分自然。透過育兒期間無意識的交流互動，孩子的正面情緒似乎都能很自然走過社會化的過程。

但是，憤怒、傷心、寂寞、不安、厭惡等負面情緒方面，卻很難自然地經歷情緒社會化的過程。

此處孩子的情緒發育陷入危機，是有原因的。

假設勇太努力地在沙坑裡堆隧道。他默默挖著洞，玩得不亦樂乎。

就在他專心玩沙的時候，有個大哥哥過來，強行借走勇太的沙鏟的話，勇太會怎麼想呢？

勇太媽媽：那就完了，勇太一定會哇哇大哭，把沙撥掉大吵大鬧，氣得搥胸頓足。

對呀。三歲的勇太既活潑又可愛，有這種反應可想而知。原本快樂的能量突然逆流，不快的情緒霎時流遍全身。

看到勇太這種反應，你們會怎麼想？

勇太媽媽：這個嘛，我明白鏟子被搶走了當然不高興啦，不過「如果能忍一下就沒事了嘛」。

勇太爸爸：我覺得男孩子都是這樣搶來搶去嘛，不過坦白說，我很想說「別在那裡丟人現眼了」。

我懂。不管怎麼說，雖然「才三歲」，但也「已經三歲」了啊。父母期待他忍耐，也是理所當然。

但是，這種心態帶著一種必須把他教養成「乖寶寶」的焦慮。

勇太媽媽：我是不是太過在意周遭人的目光了呢？看到我家孩子只因為鏟子被搶走就又哭又鬧，覺得很丟臉。

你無形中用自己的標準去看待三歲小孩了。在這種狀況下，必須對三歲孩子說的是：「很不甘心哦」「鏟子被搶走了，真的好討厭哦。」

請回想一下，剛才說明的情緒社會化。鏟子被搶走，原本的快樂情緒逆流回來，霎時轉變成不快樂情緒時，小孩並不知道自己身體裡發生了什麼事，只是單純的受到不快樂情緒操縱，而變得驚慌失措。

這種時候，如果父母能察覺他的情緒，用適當的「語言」幫孩子體內感受到的情緒「命名」，透過這個過程，孩子就能將自己的情緒轉換成「語言」。

如果在這時，父母說：「為了這點小事，哭什麼哭！」孩子為了獲得爸爸媽媽的認同，會努力憋住眼淚，但是在身體裡逆流的情緒能量，就會在一片混沌的狀態下被丟在一旁了。

如此一來，在孩子一定會出現哭泣、憤怒、悲傷等情緒的狀況下，父母如果日常性地一再不歡迎這種情緒的表露，孩子的負面情緒就失去社會化的機會了。

事實上，只要幫孩子為他的身體感覺賦予語言，孩子就會神奇的冷靜、收斂下來。

勇太媽媽： 啊，我知道，我有過這種經驗。不久前也出現這種情形，孩子突然間就冷靜下來了，嚇了我一大跳。

去公園的時候，我的口袋裡只放了一顆糖，是給勇太吃的。以前給他的時候，他總是會吵著「再給一顆、再給一顆」，所以我特地在給糖之前先告訴他「只有一顆哦」，然後放進他的嘴裡。

但是，他用力把秋千盪出去時，糖從嘴巴裡掉出來了。於是他哇的一聲大哭起來，跑到我的身邊。我不假思索地說：「我不是告訴你只有一顆嗎。」果不其然，他哭得更大聲。

但是，這時候我決定冷靜地對應，我幫他擦去眼淚說：「你是要告訴我，糖掉到地上真可惜，對不對呀？」結果他就收起眼淚，點點頭說：「唔。」

然後他又去盪秋千，心情也雨過天晴了。這就是你說的狀況對吧？

對的對的，好厲害。就是這個意思。

孩子會哭，是因為他的身體裡流著莫名其妙的感覺，讓他感到恐慌。只要能找到一句可以對應的字句，他就會立刻安靜下來。

而在那個當下，他也學到了表達自己情緒的方法了。

勇太媽媽：明知道他會哭，所以才先打預防針，告訴他「只有一顆哦」，結果擔心的事還是發生了。……當時，身為母親的我，光是自己的情緒都快應付不來了，所以才會脫口說出：「不是告訴你只有一顆嗎。」如果把心思轉到勇太的情緒上，自然而然就會說出「好可惜哦」的話。

把注意力放到孩子的情緒上，育兒應該也會變得輕鬆些。

真的就是這樣啊。

勇太媽媽：孩子的情緒嗎？你是指勇太有什麼樣的感覺，對吧？今天早上，我還沒把洗好的衣服曬完，勇太就吵著說：「我想快點去公園！」我生氣地說：「我不是叫你等一下嗎，為什麼不能等。」你說的是勇太當時的心情吧？「想去公園」「忍耐不了？」很想去公園可是必須等媽媽，所以心情亂糟糟的吧……。

對了對了，亂糟糟的能量在身體裡流動，這時你要怎麼對他說？

勇太媽媽：唔——。「心裡亂糟糟的厚……你等媽媽這麼久，好厲害哦。」

如果能這麼說，育兒也會輕鬆得多吧。

如果可以唱起「亂糟糟超人來了喲」的歌，勇太好想快去玩、不想等待的煩亂心情，也會變成他活潑健康的證明，勇太可能也會跟著你一起唱哦。

煩躁、亂糟糟的負面情緒在媽媽的支持下，也會轉而成為安全的情緒。擁抱他，也有這種意思。如果擁抱的氣氛是溫柔、溫暖的話，孩子會感覺到自己的情緒也得到擁抱。

勇太爸爸：我這個人基本的方針是相應不理，因為我覺得很麻煩。從這層意義上，也許我是只注意自己的情緒，其他都視而不見。我會好好反省。

孩子的身體被不快的情緒控制，出現恐慌，因而哭泣、憤怒、鬧彆扭，或是沮喪的時候，從孩子的角度來說，是一種曝露在危險之中的感覺。

在這種時候，被爸爸媽媽龐大的身體抱住，是一種即使處在負面情緒中仍然安全的體驗。所以，即使他充滿了憤怒、厭惡、悲傷，還是能安全地懷抱著這些情緒成長。孩子哭的時候去抱抱他，就是這個目的。

如果毫不掩飾地直接表現憤怒、厭惡等負面情緒的狀態，是非常危險的情緒，但是靠著大人的擁抱得到安心安全感，就可以包裹住負面的情緒，這樣一來，即使懷有負面情緒，也能夠轉為安全的情緒而加以控制。

不快情緒充滿心頭，因而哭泣、鬧彆扭的時候，如果不理他、冷處理，那孩子就必須靠著一己之力逃出險境了。雖然我們可以說他會堅強地長大，但是，**必須靠一己之力活著的孩子，會處在戰鬥模式，一直單打獨鬥地活下去。**

年幼的孩子為了保護自己，拚命表現出攻擊、粗暴的態度生存，結果反而又被責罵，還被貼上「朽木」「壞孩子」等的標籤，實在太可憐了。年幼時善加保護，是養成貼心孩子必要的條件。

不過，這種時候，大人也可以帶著溫暖的心情，站在一旁守護，從比喻的意義來說，這也是一種擁抱。總之，你可以冷眼旁觀，但還是注意他的狀況，評估將孩子抱起來的時機。但是，如果父母自己對孩子動了怒，不想看到孩子，在這種狀態下不理他的話，孩子得不到安全感，就不可能在放心的狀態下懷抱憤怒、厭惡、悲傷了。

步美媽媽：不能放心地懷抱憤怒、厭惡、悲傷，是一種什麼狀態？步美被罵時，眼神就飄來飄去，會不會是沒有安全感啊……

心裡充滿憤怒、厭惡、悲傷，卻不能安心地懷抱它，有很多階段，從輕微到嚴重的都有。步美今年三歲，現在家長稍微改變一下關懷的方式，她馬上就會改善。但是，如果維持超過十年以上，到了青春期開始，危機就會以各式各樣的問題表現出來。

前面我有提到，孩子受到憤怒、厭惡、悲傷或不安、恐懼等負面情緒、不高興情緒操縱時，孩子是處在感覺自己非常危險的狀態。

請各位爸爸、媽媽回想一下小時候的記憶，童年時代有沒有對某些狀況非常過敏、害怕、不安呢？像是晚上沒開電燈就不敢上廁所，屋外的動靜好像有鬼之類的，即使後來想想，根本沒什麼大不了。孩子感受的世界比起大人，想像力更豐富、敏感和細膩。

所以，一些大人看來稀鬆平常的小事，對孩子來說很容易引起難以排解的驚恐或不安。如果問這意味著什麼，它告訴我們，孩子如果沒有適當的支持，他們的心很容易受傷。

心靈受傷是什麼樣的狀況呢？請把它想成是大腦產生的防衛反應。人一旦曝露在危險中，本能地會產生保護自己的能力。心靈也有本能地保護自己的力量，這就是防衛。

年幼的孩子感受到憤怒、悲傷、恐懼、不安等強烈的情緒時，孩子的身體會感受到危險，保護自己的防衛本能就會自動開啟，至於是什麼樣的防衛，簡單說就是「無感」「封閉」的防衛。

下一章會就這一點詳細解釋，但是在這裡我想先強調，**人類遇到危險的情緒時，具有麻痺、無感的能力，年幼的孩子尤其擅長。**

負面情緒沒有社會化的孩子，這種時候無法明白，降臨在自己身上的感情是什麼。只是體驗到胸中有一股混沌、不愉快的能量硬塊。處於這種狀態的孩子，用「無感」「封閉」的防衛方法，逃避自己的危險是非常方便的事。

而且，為了順應父母的「不要哭」「你不要抽抽答答」「不要發脾氣」等期待，有了這種防衛也比較容易達成。

像這種啟動防衛機制，拒絕感受負面情緒的孩子，眼神會游移不定。從這層意義來說，「眼神游移不定」正是「不要再罵我了」或是「讓我大哭一場」的信號。

步美媽媽：果然是這樣。怎麼辦……

步美爸爸：唔——，都是我的責任，以前從來沒想過讓孩子哭出來那麼重要。

我說過很多次，現在還來得及，從現在開始改變做法就行了，因為孩子會教我們。沒有人能從一開始就教育得完美無缺，對於父母，也不能要求他們是完美的好爸媽。孩子告訴我們問題所在，然後一起成長，這才是親子關係。只要從孩子身上學習就好了。

簡言之，孩子依靠自己的身體感覺，感受到危險的時候，就會把感情封閉、對外界無感，結果，負面情緒越來越無法社會化，也就無法安全地懷抱憤怒、悲傷、不安、恐懼或厭惡等情緒。

而且，孩子所感受到的「危險」，對大人而言可能只是芝麻小事，不足為奇。

步美媽媽：但是，如果孩子那麼容易受傷，究竟我們要怎麼保護她呢？我真的不知道該怎麼辦。

是呀，不過也不需要因為這樣而變得神經質。

因為，只要爸媽能做到「在孩子哭的時候抱住他」就沒問題了。讓孩子受傷的因素成千上萬，每個孩子也都有自己的感受性和與生俱來的性格，因此感覺是人人不同的。但是，如果父母讓孩子如實地去感受，想哭就哭，就能立刻了解孩子是什麼時候感覺到害怕。

如果在當下能夠把他抱起來，孩子即使自己覺得害怕，也會因為在爸爸媽媽的懷抱中，由巨大的安全所包圍，即使身處在恐懼中，也能夠學到什麼叫做安全。經由這樣的經歷，孩子才能一步步走向堅強。

步美媽媽：哦，我懂了，所以孩子哭的時候，把她抱住十分重要對吧。我充分了解了，因此，如果不讓孩子好好哭出來，就算抱住他也沒有用吧。唉，懂是懂了，不過做得到嗎？

步美爸爸：我也明白了。但是這麼說起來，我的童年時代該怎麼解釋呢？我從小到大經常被老爸按三餐「修理」。我確實不讓自己感覺害怕。

4 超越世代的連鎖育兒困難

這裡我想稍微談一下父母自己是如何長大和育兒的問題。像步美爸爸這種從小在爸媽打罵教育中長大的父母，有不少人認為應該要有某種程度的體罰吧。最近的父母也有人認為「不打就等於沒管教」，孩子不會乖乖聽話。

而且，如剛才步美爸爸告訴我們的，他自己不會感受到不安或害怕，在這種情況下，他恐怕很難體會到接納孩子負面情緒的重要性。

步美爸爸：您說的沒錯。剛才聽您說了那麼多，好像完全否定了我的人生。我覺得我老爸很了不起，他打我也沒有錯。當然我也會生氣、難過，但是我會把它當成沒發生過，肯定我老爸。長到這麼大，才聽到讓孩子哭也沒關係這番話，心情變得很複雜。

男孩子，尤其是進入青春期正要轉變為男人的時候，多會以父親為範本吸收其

「男性特質」，有的人也會用叛逆的反向形式來模仿父親。打人、有臂力也是強悍、堅毅的象徵，所以會成為親近男性特質的行為。

所以，在臨床案例中，可以看到有許多被父母打罵長大的男孩肯定暴力，自己育兒時也同樣一再地用打罵來教育。電視或報紙上報導「本來只是想管教他」，結果卻把孩子虐待至死的新聞，也不乏這種背景。

遭到虐待長大的人也有虐待孩子的傾向，這一點我用代間傳遞（**intergenerational transmission**）這個概念來說明。這是指童年時與父母的關係，與自己為人父母時與孩子關係的類似行為之傾向。代間傳遞不只出現在虐待的案例，在一般日常的育兒當中也隨處可見。

養育第一個寶寶的時候，當然什麼都不懂，然而不懂的話該如何養好寶寶呢？原來母親的身體在進行受孕、懷孕、生產等工作的同時，腦中也在進行為人母的準備。

什麼樣的準備呢？就是從長期記憶的倉庫裡，抽取出遙遠古早的記憶，自己出生時的記憶、成長時的記憶等等，然後，大腦會開始運作準備，把自己從小到大的記憶隨著自己寶寶的成長過程，當成可以參考的記憶。藉此，我們才能夠「自然地」、

「本能地」養育寶寶。

這個過程很可能在猿猴等動物也會發生，因為電視上也看過有些出生後沒有母親帶大的動物，生下孩子之後不會照顧寶寶，只好由飼養員帶大的故事。

為了養育寶寶而抽取出的記憶——即自己如何長大的記憶，如果不太幸福的話，不只對現在照顧寶寶沒有幫助，而且還會引發種種的混亂。

所謂的記憶，不只是自己意識中的記憶，也包含嬰幼兒時期會說話之前，只有身體感覺的記憶。所以，嬰幼兒時期體驗過強烈的驚慌或恐懼的人，生產後聽到嬰兒的哭聲，也會引發恐懼，陷入育兒困難的狀況。

如果不知道這段原委，他們可能會被別人視為「這個狠心的母親不照顧寶寶」，實際上，虐待寶寶的案例中，有些人正是因這種苦衷而造成的。

生下寶寶之後，仔細憶起自己幼年時的情景，極自然地模仿自己母親對待自己的方式。在現代，人們重視親子教養雜誌更甚於自然的感覺，所以，在資訊充斥的狀態下，不安反而有升高的傾向……。

孩子三歲，就會回憶起自己三歲的事，孩子上了幼稚園，便仔細回想起自己上幼稚園的時光。靠著回憶，母親才能夠育兒。

步美媽媽：我常常會想起自己三歲時的事。總是在想，我媽媽當時在做什麼？媽媽說，我是個愛哭鬼，所以我經常被罵。我們家三姊妹，姊姊個性沉著，不太會哭，但媽說：「你的話，動不動就哭」，記得媽媽老是拿我跟姊姊相比，然後罵我。

到了妹妹出生之後，母親也許是忙著照顧妹妹，窮於應付，所以我一哭就被罵……當然也被打過。

其實那個時候，妳渴望的是什麼呢？

希望媽媽抱抱自己，但是媽媽抱著妹妹，所以只好忍耐對嗎？

當時妳只有三歲，其實在心底吶喊著：「好孤單哦——」「好驚慌哦——」「抱抱我嘛」對不對？

步美媽媽：（眼中噙淚）就是呀。現在回想起來，我當時真是太可憐了。會覺得再撒嬌一點就好了，不需要那麼暗自忍耐。我現在明白為什麼步美哭的時候，我會感到害怕了。

那是因為自己哭泣被罵的記憶，在無意識間被引導出來了。我明白那種感覺，自己怕的不是步美，而是害怕面對幼年時的記憶。

是的，現在，我完全明白了。

許多家長們都經歷過這種體驗，即使只是明白癥結所在，就能與寶寶從容相處。因為，步美就跟你小時候一樣，只是想告訴你：「好孤單哦——」「好驚慌哦——」「抱抱我嘛」，所以只要單純地回應她的需求就行了。

步美媽媽：我好像覺得自己做得到了。即使步美哭，我好像也不會害怕了。

步美爸爸：因為步美是女孩子，現在聽到專家這麼說，我覺得自己好像被拯救了。如果生的是兒子，也許我並不會對打罵教育有所猶豫。因為步美怕我，我也覺得不太好，可是因為我無從了解，最後只能焦慮地認為必須嚴格一點，結果變成惡性循環。

剛才我說，我從小被打到大，可是那是在我正常長大的前提下說的，但是其實我很容易發脾氣。尤其是對父母，時不時會生起氣來，而且一發不可收拾，暴怒完之後連我自己都不太記得……理智中我一直認為父親的做法是正確的，很多情緒都故意視而不見，因此我現在都這個年紀了，還是會暴怒。

步美媽媽：沒錯沒錯，你有時候會發好大的脾氣。原來那是小時候的憤怒，現在才發洩出來呀。以後有什麼不順心的事，就跟我說呀。我會告訴你「現在很傷心吧」「很生氣吧」。

是的，在原生家庭（自己成長的家庭）中即使沒有得到滿足，也不會變成宿命論，人一定可以在某處建立彌補缺憾的關係，找到療癒的方法。因此，從這層意義上，如果在夫妻或男女朋友的關係中，對方認同了以前沒有人認同的負面情緒，就能得到拯救。

有了孩子，就會開啟自己兒時記憶的大門，父母藉由這些印象，也能獲得養育孩子的力量，但是有時也會引導到錯誤的方向。這也是為什麼現在這個時代，教養困難的原因。

那麼，我們父母的上一代又是怎樣呢？思考一下就會發現他們遭逢的是「第二次世界大戰」的悲劇時代，從很多臨床案例中可以感受到，承受日本全體國民難以忍受的情緒而存活下來的人，現在還陷於悲痛的連鎖中。

勇太媽媽：小時候我很討厭媽媽的嘮叨干涉，然而現在我也對勇太做同樣的事，這令我總是陷入自我厭惡當中。但是，聽到專家說我們會自己抽取出自己成長的記憶來養育孩子時，我突然鬆了一口氣。原來不是我的錯，大家都會這樣。我本來以為自己是個差勁的媽媽，才會動不動就罵孩子。

我母親三歲的時候遇到空襲，從熊熊火光中逃出，戰後吃了很多苦，懷著傷痛長大。所以我多少也能體會她的嘮叨干涉，只是為了不想讓自己的孩子吃苦。這裡面誰都沒有錯，我覺得只要想著並不是自己努力不夠，也就能用柔軟的心態來面對勇太了。

勇太爸爸：原來如此，我爸媽從我小時候就抱著放牛吃草的態度，這麼做也沒有什麼不好，不過想起來心底還是有些寂寞。我知道爸媽拚命工作賺錢，所以我不想承認心中的孤獨，而是肯定他們放牛吃草的方式。因為如果我意識到自己的孤寂，恐怕會手足無措吧。

但是，仔細想想，我現在身邊多了老婆和勇太，有個幸福的家庭，再也不會孤獨了。我應該好好守護這個家，才算是盡了父親的職責。對小孩不管不顧，終歸只是一種逃避，以前我太沒有當爸爸的心理準備了。

家長和孩子是一起成長的，所以沒有一開始就完美的教育。父母與孩子經歷重重關卡，學習到處理的態度和方法，正是成為真正父母的過程。

期待孩子成為完美的模範生十分危險，同樣的，如果父母從一開始也認定自己必須完美盡責的話，就很容易被逼到死角。不論什麼事，做到六十分過關就行了。

還有，如果家長能多一點彈性，學著用新的角度看事情，便能與孩子好好溝通了。

第2章

孩子的「心理問題」是怎麼產生的？

1　腦的功能與心

各位覺得，「心」在什麼地方？

勇太媽媽：在胸口附近……

步美媽媽：唔，我也覺得是在胸部一帶，不過，會不會是在腦袋裡？

在一般的感覺上，大多數人會覺得心就在胸部或心臟一帶，因為傷心、痛苦的時候，胸口會有種揪住的感覺。

但是，這種身體感覺是由腦的功能所引發的，事實上，所謂的心，就是指「腦的功能」。

如果要思考如何「培育情緒」，絕不能忽略了腦的功能。

勇太媽媽：情感和大腦有關係嗎？專家提到腦的功能，我還以為要教我們怎麼樣能讓頭腦更聰明呢。

腦是處理資訊的器官，我們所見、所聞、所感都是「資訊」，處理這些資訊是腦的工作。

一般來說，爸爸媽媽們大都以為，說到「腦」，就是與「學習」有深刻關係的器官。但是那是屬於新皮質部分的工作，只是腦部功能中的一部分。

例如，步美聽到雷聲，看到閃電時會有什麼反應？

步美媽媽：她會緊緊抓著我說「好可怕、好可怕」。所以我就抱住她說：「很可怕哦，不過我們在家裡面，沒關係的。」抱著一會兒之後，她反倒興致勃勃地凝視天空，若是又看到閃電，她會用又怕又好奇的神情說「又來了、又來了」。

大腦就是在這種日常的互動之中，隨時隨地在處理資訊。我先解釋大腦的功能是在處理資訊讓你們了解，接著就可以說明它和心的關係。

步美首先聽見、看見雷聲和閃電，輸入的「資訊」在腦中的大腦邊緣系統「處理」，先產生「害怕」的情緒，然後向媽媽求助。

因此媽媽採取的行為和說話，就成了新的「資訊」。「很可怕哦。不過，我們在家裡面，沒關係」的資訊，與媽媽的笑臉和溫柔的聲音一起輸入，在孩子的腦中產生「放心」的情緒。所以，腦部進行了雷↓可怕↓放心的資訊處理。

換句話說，孩子的情緒是從處理「發生事件的資訊」與「大人對該事件給予的資訊」的過程中產生的。

當然，平常我們不需要意識到這個過程也無妨，但是如前面所說，親子的互動具有輸入資訊到大腦的功能，對孩子情緒的發育有著深遠的影響。

在媽媽懷抱中放心下來的步美，又怕又好奇地凝視閃電，充分顯示出孩子獲得安心感後，擴展了對外界的興趣，朝向知識探索的過程。感到「放心」和「安全」是獲取知識至關重要的條件。

步美媽媽：哇，在我們無意識之間，有了驚人的發展耶。如果真的是這樣的話，大腦每天都要處理極大量的資訊嘍？真令人驚訝。

如果從大腦處理資訊的觀點來重新定義「培育情緒」的話，就可以看出培育孩子們的情感時，哪些部分比較重要。

能夠在自己的體內培養安全、安心情緒的孩子，是不怕挫折、堅強的孩子。有了堅強、韌性，才有能力成長為體貼關懷他人的人。

這裡所說的堅強，不是玻璃珠那種應聲裂開的強硬，而是橡皮球那種丟到地上會彈起來的強韌。

這種心靈強韌的成長與否，與大腦面對「危機狀況」時如何處理資訊有關係。

2 「脆弱・劣勢」與「堅強・強韌」

學者曾說**人類面對「危機」，原始的防衛有三種行動模式，就是「戰鬥」「逃走」「僵化」等行動**。這種防衛十分原始，和昆蟲或動物等都是一樣的。

例如，像螳螂般勇猛衝鋒，就是「戰鬥」防衛；像蜥蜴一溜煙消失，是「逃走」防衛；像鼠婦蜷縮成一團，一動不動，則是「僵化」防衛。

昆蟲、動物因其物種的特性，也許求生的防衛反應比較制式。但是，人類的孩子三種防衛反應都能做到，不論是戰鬥的孩子、逃走的孩子，還是僵化的孩子。

所謂的原始防衛是發生在大腦進行資訊處理的過程中，意思是說，當大腦接收到身體曝露在危險中的資訊時，大腦為了保護身體，會進行資訊的處理和行動。在成人的情況下，可以採取非「原始性」的防衛模式，但是對於年幼小孩的腦來說，它只是自然的資訊處理過程。

使用「戰鬥」防衛的孩子會變成「攻擊性強的孩子」；使用「逃走」防衛，以後

會變成「坐立難安的孩子」。使用「僵化」防衛，以後會變成「靠著封閉感情來適應的孩子」。「僵化」是指讓危機中的不快情緒波「凝固不動」的意思。

通常有攻擊性的孩子、坐立不安的孩子，都因為他們的問題行為顯著，所以很容易鎖定問題。但是採取「僵化」防衛，「靠著封閉感情來適應的孩子」在青春期問題浮上檯面之前，都不容易察覺，甚至因為不打擾大人，而得到「好孩子」的讚許。

關於「靠著封閉感情來適應的孩子」，後面會再詳述。

這三種反應都是原始性的防衛，所以可以說，採取這種形式保護自己的孩子，都是非常脆弱、劣勢的孩子。有攻擊性的孩子看上去好像很強，其實那是軟弱的反面表現。

請想像一下把老虎幼崽逼到角落時，牠露出牙齒低吼的模樣。雖然軟弱，但是處在只能自己保護自己的狀態下，孩子就會變得有攻擊性。

那麼，該怎麼樣才能培育出不怕挫折、堅強的孩子呢？

若要達到這個目的，必須保障孩子在面對某些場面，引發「害怕、傷心」的強烈情緒時，有放心哭泣、生氣、害怕等自由表露情感的能力。而若要孩子自由地哭泣、生氣、害怕，就必須有大人在旁邊接納他。

曝露於「危機」時有大人保護——這種行為也許只有部分哺乳類和人類才能做到。受到大人完整保護的孩子，因為在大人的幫助下保全了自己的身體，所以他不需要使用原始防衛也能確保安全。

換句話說，**孩子是因為得不到大人的保護，才會時常處於不得不使用「戰鬥」「逃走」「僵化」等原始防衛的狀態**。曝露在危機中時，如果能自由地展露情緒，得到大人擁抱的話，「害怕、傷心」等強烈的負面情緒被大人的安心、安全感包覆，孩子就能將它轉變為安全的情緒。

以這種方式成長，到了成年之後，即使處於遭受挫折的危機狀態時，他也能靠著自己保有自己的安全感，安全地控制住負面情緒。

這就是不怕挫折、堅強的孩子。這會在青春期之後漸漸顯現出來。小學的時候，所有的孩子都必須是膽小鬼、愛哭鬼，愛撒嬌。

那麼，對人類小孩來說，「危機」意謂著什麼呢？

首先，會威脅生命的事件，當然會成為「危機」。災害、恐怖攻擊、戰爭、交通事故、犯罪被害等，不論對大人還是孩子，都會是重大的危機。我們還經常會忽略了一點，那就是剛出生時生死交關的疾病、手術經驗，對孩子來說，更是重大的「危機」。即使是面對這種危機，孩子也是用「戰鬥」「逃走」「僵化」的原始防衛來應對。

遇到車禍而必須接受治療的孩子，逃避、胡鬧、激烈反抗護士的行為，也許很少有人會將它理解為對車禍恐懼所產生的原始防衛反應。看到孩子拒絕身體的治療，也許大人會叱責他「一點忍耐力都沒有」，但是孩子心底害怕到極點，不知道該怎麼辦好。

但是，站在孩子的角度，「危機」並不只是那些任何人都可以認為是「危機」的事件。人類的孩子沒有大人的保護就無法存活，他們在這種狀態下出生，到大腦長成需要花上十年，到身體成長為成熟可生殖狀態需要花十五年，在社會性意義上長大成人，需要花二十年。所以，孩子是個非常未成熟的狀態，隨時都會陷入「危機」。

關於孩子的「危機」，請想想喚起孩子「害怕、傷心」等強烈情感的場面。如前所述，災害、恐怖攻擊、戰爭、交通事故、犯罪被害、疾病或手術等，當然都是會引發「害怕、傷心」等強烈情感的場面。

但是，實際上，日常生活中也潛藏了很多場景，是孩子必須啟動原始防衛才能面對的「危機」。

像是父母明明衷心期盼能努力養大孩子，但是一看到孩子卻心煩意亂，陷入虐待關係的案例；夫妻之間關係不睦，出現家庭暴力的案例；家庭中存在日常性的暴力，隨時都會引發「害怕、傷心」的強烈情感，所以這些時候孩子都處在「危機」之中。

還有，父母本身罹患了嚴重疾病、遭到裁員、需要照顧祖父母等，盡管拚了老命活著，還是因為各種沒天理的事情受苦時，孩子也會產生「害怕、傷心」的強烈情感。但是，在這種時候，為了不讓摯愛的父母擔心，大多數孩子都會採取「僵化」防衛，扮演「好孩子」的角色。

第一章中我們談到負面情緒的社會化時解釋過，孩子在生理上產生憤怒、厭惡、悲傷、不安等負面情緒時，爸爸媽媽有所察覺，將它化為語言，並且擁抱他的話，孩子就能安全地懷著這些不快情緒長大。

如果孩子在日常關係中，沒有讓負面情緒社會化的機會，當在成長過程中遇到危機事件，引發「害怕、傷心」的強烈情感時，由於他們原本就不知道在現實中如何處理這種情緒，在這種狀態下，便會養成用「僵化」防衛封閉感情，來保護自己的習慣。這在專業領域稱之為「**解離模式的適應**」。

舉例來說，孩子看到打雷閃電，抱住媽媽說「好可怕好可怕」，但媽媽若是回答：「打雷那麼遠，不要每次都怕成那樣！」孩子雖然會停止哭泣，但是那種「害怕」的情緒，會用「僵化」的防衛反應來處理。

像剛才步美母子那樣的對話，資訊處理的方式是打雷→害怕→放心。但上述這種情形，資訊處理的方式則會變成打雷→害怕→僵化（封閉情感＝解離模式的適應）。這種情形重複多次的話，負面情緒無法社會化，即使是日常性的小事，也很容易成為孩子的心理傷害。

勇太媽媽：簡單的說，哭很重要。這部分我明白了。父母沒有善加保護的話，即使是個小危機，孩子也會感覺到大危機，而採取戰鬥、逃走或是僵化的防衛反應，對吧。

它不只是在虐待或家庭暴力的情況下發生，當家人當中發生了難以避免的不幸時也會，進而，太過要求孩子當「乖寶寶」，父母不能包容孩子的負面情緒時，也會發生同樣的狀況。事實上，這就表示父母並沒有保護孩子。

步美媽媽：這麼一想，我們大人比起從前生活富裕得多，以為自己當然有在保護孩子，但其實有些方面並沒有確實地保護到。

特別是一般最普遍發生的問題是，父母並非不愛孩子，也盡全力照顧孩子，但是孩子卻沒有成長。並不是只有環境有問題而難以照顧孩子的家庭，才會發生孩子困擾的情況，即使是對孩子百般呵護、極普通的家庭，也會發生問題，這種狀況也加深了家長對育兒的不安感。

3 心理創傷與自然治癒力

心理創傷，就是心理層面受到傷害的經驗。心理創傷指的就是前述感到「危機」的事件。

「心理受傷」意味著大腦的資訊處理過程中，發生了不尋常的事故。也就是說，心的創傷是與大腦資訊處理過程及記憶有關的問題。

因為前述的原因，脆弱、劣勢的孩子們在成長的路上發生的種種事件中，很容易遭受心理創傷。特別是採取「僵化（封閉情感，即解離模式適應）」的原始性防衛去適應，得到讚美的不起眼孩子，不讓人發現他的軟弱、脆弱，假扮成好孩子長大，但是，內心裡卻是非常容易受傷的狀態。

這裡，就以心理創傷來說個簡單的故事。

以孩子最常發生的「被霸凌」而造成心理創傷為例吧。

健治小朋友讀小學二年級的時候，在班上受到霸凌，同學罵他「細菌」長達一年。班導師只要看到同學罵他細菌、把他的午餐拿走，或是不把考卷分給健治的時候，會用責罵那些同學的方式應付，但是大人不在的話，同樣的狀況還是一再發生。

每天早上，健治一想到去上學就百萬個不願意，走到門口就不能動彈。可是，健治早上只要太蘑菇，晚一點祖父母就會責怪他媽媽「都不好好管教」。健治最愛媽媽了，所以他向媽媽露出微笑道：「我去上學嘍。」然後走出家門。

升上三年級重新編班，健治終於不再被人霸凌了。可是從第二學期開始，只要聽到學校鈴聲，他就渾身發抖，在恐懼的侵蝕下，開始無法上學。他明明知道現在的班級裡沒有霸凌，但是身體會有反應。健治不想讓媽媽煩惱，但是身體卻害怕得僵硬難行。

看著母親面對無法上學的自己，一再被祖父母責罵，健治漸漸覺得「這世上還是沒有我這種人比較好，這樣才不會讓媽媽煩惱。」

這個案例中，我們可以將它視為小學二年級時的「霸凌」形成創傷，引發PTSD

（創傷後壓力症候群）狀態。我想解釋一下，這裡說的「形成創傷」是怎麼一回事。

人的記憶有五大元素：①認知②情緒③身體感覺④視覺⑤聽覺等五種記憶。

以健治的情形來說，「小學二年級時遭到某某霸凌」的記憶屬於①認知的記憶。當時「非常害怕、傷心、痛苦、生氣」的部分為②情緒的記憶。一想到要去學校，「渾身發抖、緊張、心臟跳得很快」是③身體感覺的記憶。受霸凌時「同學獰笑的臉、漠不關心的臉、瞪視的臉」的記憶相當於④視覺的記憶。而「罵他『細菌』的聲音、竊竊偷笑聲、上課鈴聲、推桌子的聲音等」成為⑤聽覺的記憶。

如果是平常的記憶，這五種記憶元素會整合成一組，在腦中搭上「前往長期記憶倉庫的列車」，接受資訊處理。

「接受資訊處理」意味著它會轉化為日常感覺，「很自然地忘掉」，換言之，它會安頓下來，成為「過去的記憶」。

但是，人受到打擊時的創傷記憶中，這些記憶元素會切割分散，以一般的反應來說，雖然會明確記得①認知的記憶，但是當時伴隨的②情緒記憶、③身體感覺的記憶、④視覺的記憶、⑤聽覺的記憶，大多變得零碎不全。**這種切割零散的作業，是大**

腦為了保護自己，自動進行的「解離防衛」。

拜這種防衛之賜，即使在危機的場合，也能夠冷靜應對，「解離防衛」也是一種「能力」，健治靠著解離的防衛，才有了「我最愛媽媽，所以我會向媽媽笑著說『我去上學了』，然後到學校去」的結果。

然而，這些被分散切割的記憶各元素，因為七零八落的關係，沒辦法搭上「前往長期記憶倉庫的列車」（＝接受資訊處理），換句話說，沒搭上列車的記憶元素碎片，不會成為「過去的記憶」，而是停留在「現在」縈繞不去。

於是，**某個刺激成了「觸發器」，引發真實體驗這些零碎記憶的現象，這種現象稱為瞬間重歷其境（又稱閃回，flash back）**。因此，被霸凌當時所感受的情緒和身體感覺，既是「過去」的事，在「現在」也真實重現。因此發生了儘管現在是安全的，但是面臨危險的恐懼仍然持續的現象。

以健治的情形而言，上課鈴聲、同學的目光和校門等都是「觸發器」，讓他瞬間重歷其境，回到被欺凌當時感受到的恐懼感，身體發抖、僵化。雖然心裡明白現在的班級裡沒有欺負人的同學，但是還是禁不住因害怕而僵硬。

像這種「形成創傷」的意思是，對自己造成衝擊的事件記憶，無法進入資訊處理，成為腦中自然的思緒，使得腦陷入「過去」的情緒、身體感覺、視覺、聽覺記憶，真實存在於「現在」。

步美爸爸：創傷這個詞，經常在電視中聽到，所以我們隨口就會說出「都是因為創傷嘛」之類的話，但我明白其實我們根本不了解。腦的原理這部分很難，簡單的說，就是靠著自我意識的力量無法掌控的機制，對吧？

不過，小孩子原來這麼容易受到創傷嗎？

勇太爸爸：如果這麼容易就有創傷，那很令人擔心哪。可是，有些孩子遭到同樣的霸凌，並不會受到那麼大的創傷啊，為什麼呢？

問得好。他與家人和周圍大人的關係、溝通狀況都會造成重大的影響，拉大這種差異。

以健治的情況來說，每天早上，身體裡湧出不想上學的強烈情緒，但是孩子又沒辦法用語言把自己身體裡的不快情緒，說明得讓大人理解。所以他就拖拖拉拉的不想動，祖父母看到拖拖拉拉的健治和媽媽的晨間「亂象」，就責罵健治媽「作母親的沒有好好管教，孩子才會拖拖拉拉」。健治見狀，知道是自己害媽媽為難。

幼小孩子心中最愛的就是媽媽，只要為了媽媽，什麼事都願意做。他封閉自己的負面情緒，做出開朗的樣子，這也就是利用解離模式適應，也是對母親的孝心。

總而言之，在這種家庭關係中，健治封閉了自己想哭的情緒、想生氣的情緒、傷心的情緒。這是大腦運作利用「解離」的防衛才能達成，所以是一種創傷。

因此，如果早晨拖拖拉拉、哭著不想出門，不去學校、喊著害怕、傷心，而媽媽能把他抱在懷裡的話，就可以預防創傷的形成。雖然他可能無法去學校，直到不再被霸凌為止……。

勇太媽媽：嗄？可是，搞了半天孩子被霸凌的期間，不能去學校嗎？

有關霸凌的部分，後續會再詳述。教室裡發生的霸凌問題，是整個班級的問題，解決的責任在教師身上。所以，如果教師能保證維持班級的安全，當然可以去上學。

但是現實是，即使教師用盡心力，很多時候還是鞭長莫及，所以，為了讓孩子的創傷減至最少，採取簡單的防衛，像是不去被霸凌（＝充滿危機）的場所，作為父母的自衛措施，比較沒有後遺症。

當然，這不是最理想的解決方式，但是勉強他去學校，孩子受的傷會更嚴重。

勇太媽媽：嗯嗯，現實很嚴酷啊⋯⋯。

步美媽媽：唔，但是，也就是說，孩子痛苦的時候，父母如果能把他抱在懷裡，安慰他「媽媽知道你很痛苦哦」，那麼當下他雖然痛苦，但並不會形成創傷之類的後遺症，也就能保護孩子了，對吧？

是的。對待孩子的痛苦體驗，父母採取「你要忍耐，不要哭了」的態度，與「媽媽知道，你很痛苦哦，想哭就哭出來吧」的態度，孩子在痛苦事件所承受的傷害程度會有明顯的不同。

總之，家人、教師等周圍的人對於發生的事件如何表述，具有重大的意義，它會決定那個事件的定義。透過大人如何定義這起事件，如何表述這起事件，孩子會形成對自我的認識。

像健治的情形，他便產生「世上不要有我這種人比較好」的自我認知，它會成為維持創傷的重要因素。

「創傷」的形成有兩個層面：一是源自於記憶機制之感情、身體反應的瞬間重歷其境（身體面），二是這個人的成長歷程與人際關係中形成的自我否定式故事（認知面）。

所以，親子的溝通在培育孩子情感上負有極為重要的任務。

勇太爸爸：一般會認為讓他反省就好了，聽您這麼說，孩子認為是「自己的錯」並不是件好事囉？

對的。一般人也許會有這種迷思。但是，藉由反省來改善，是個層次非常高的內在工作。

健康的成人有可能做得到……然而即使是成人，也有沮喪低落的時候，所以，藉由反省來改善的行為，我認為是個難度很高的作業。

況且，在成長路上的孩子，如果帶著自我否定的認知，心理與情感的發育也會受到嚴重的傷害。

步美媽媽：對了，健治為什麼二年級受到霸凌的時期能夠去學校，但到了沒有霸凌的班級後，反而發生瞬間重歷其境，再也不能去學校了呢？

我來說明一下「創傷痊癒」是什麼狀況，應該可以解答你的問題。

「創傷痊癒」的意思是，被切割分散的記憶元素恢復成整合的一組，可以搭上「前往長期記憶倉庫的列車」。這麼一來，過去發生的事真正歸於過去，人可以「極自然地忘記它」。

「極自然地忘記它」並不是意味著記憶消失，而是伴隨記憶的痛苦會變得緩和，成為「深褐色的回憶」。如果被霸凌的記憶變成「深褐色的回憶」，那就表示「以前發生過那種事，但是現在已經沒關係了」，變成已經克服它的狀態。

但是，「被切割分散的記憶元素恢復成整合的一組，搭上前往長期記憶倉庫列車」，指的是為了保護自己而曾經解離的感情、身體感覺等，回復到原本統合的記憶中。

也就是說，孩子要回想被霸凌的事，渾身發抖，哭喊「害怕!!氣憤!!」，發洩憤怒，並且能夠認知到「我沒有錯」。換句話說，為了治好創傷，就得要再一次重新體驗痛苦的經驗。

孩子的腦還非常柔軟，只要重新編班遠離危機，保障環境安全的話，腦中就會自動運作，開始恢復正常的功能，這叫做「自然治癒力」。大腦能收集切割零碎的記憶，將之統合為一。

於是，如同健治這樣，出現對學校恐懼的情緒、全身僵硬的身體反應等瞬間重歷其境。瞬間重歷其境也是一種 **PTSD**（創傷後壓力症候群）的症狀，同時，這種現象也代表了腦中正準備開始治療。

不過，這是透過健治的記憶，重現被霸凌當時相同情境的一種狀態，所以從另一個角度來說，這種狀態也給了父母重來一次的機會。

勇太媽媽：嗄？什麼意思，我怎麼有點聽不懂。

我的意思是，剛才說過的「早晨拖拖拉拉、哭著不想出門，不去學校、喊著害怕、傷心，而媽媽能把他抱在懷裡的話，就可以預防創傷形成」的部分。

因為父母可能會後悔「早知道就不要強迫他去學校，讓他好好的哭一場，然後把他抱在懷裡。」

孩子到了三年級，發生瞬間重歷其境，因害怕而僵硬的狀態，其實就是二年級時他被霸凌當時的樣子。瞬間重歷其境，是穿越到過去的狀態，所以，父母也可以一起穿越過去，重新完成「早知如此就好」的關懷。

勇太媽媽：也就是說，與孩子一起哭泣擁抱，安慰他「媽媽知道你很害怕、很傷心、很想哭」，這樣就行了嗎？

是的是的。以幼童來說，家長的這種關懷帶來的治癒力比什麼都要大。父母什麼都不做，只把孩子帶到精神科去治療，是不可能治好的。很多案例都是父母下定決心擁抱孩子，就把孩子治好了的。

孩子的問題或症狀很多是從孩子的自然治癒力中產生，那是一個信號，在向大人哭訴「救救我」。這裡面充滿了孩子豐盛的「生存力」。

各位覺得，二年級時拖拖拉拉害媽媽為難，所以壓抑著害怕與傷心到學校去的健治，和三年級時雖然知道媽媽為難，但還是害怕得無法動彈，不能上學的健治相比，哪一個的「生存力」比較強呢？

請回想一下第一章「生存力就是孩子不怕麻煩別人的能量」這句話。到了三年級之後，健治無法再顧慮媽媽，正是進入「不怕麻煩別人」的狀態。但是，靠著這種狀態，孩子能夠抓住復原、成長的機會。

正因為健治湧現出生存力，才會出現症狀，所以我才說保障孩子有安全的環境十分重要。

孩子正走在成長的道路上，也就是說他是處於未完成的狀態，所以，我們不能把它和已完成的大人問題及症狀等同視之。

步美媽媽：原來是這樣。但是，如果步美又哭又鬧的話，我大概不會往那個方向想耶……

勇太媽媽：後來健治怎麼樣了呢？

首先，最重要的是班導師和父母都確實地認知，孩子是因為現在的環境變得安全，才開始出現症狀。在這層認知下，家長做好心理準備，不問理由地擁抱健治的恐懼與悲傷，這樣孩子才會願意坦誠的吐露心聲。

健治漸漸願意主動說出在教室裡多麼痛苦，看到母親被祖父母罵時多麼難受，而他母親聽到他的話，也下定決心要為健治鼓起勇氣，向祖父母明白說出自己的想法，並且向丈夫尋求協助。

學校方面，班導師多次家庭訪問，充分理解了健治的恐懼，也讓健治終於打開心房，相信班導師。因此，健治也漸漸有了一旦有煩惱可以向班導師求助的想法，慢慢就能夠到學校去了。

4 親子的惡性循環與復原力

如同前面所述，孩子的心理世界在許多日常事件和與周圍的關係中，就像編織布匹一般，經歷年月交織建立而成。

每個人與生俱來的體質、性格或能力都不相同，有些孩子從小就擁有結實的粗線，有些孩子擁有的是纖細易斷的線，編織的方法和力道若能用心配合線的特性，就能襯映出每個孩子獨特的花色。

前面提到的創傷部分，就相當於織到一半線斷了，或是線纏在一起。這種時候，如果能有技巧地將線補強，耐心地解開纏結，就能夠繼續編出美麗的花樣。如果線斷了還繼續織，或是不管纏結處再往下織的話，圖案就會有空洞，或是變得凹凸不平。

問題和症狀是告訴大人「且慢，先別織下去」的求救信號，因為繼續織下去的話，即使完成了，也會變成很快破損的布匹。

不過，父母的心態上，沒辦法那麼簡單就接受這種事情。

步美媽媽：就是呀。一想到難道只有自己的孩子比周圍的孩子差嗎，為什麼不能像其他孩子一樣正常成長，心情一定很沮喪……

勇太媽媽：對對，如果是我一定會沮喪、生氣、煩躁，把別人當出氣筒。

從父母的心情來說當然是這樣，家長都疼愛自己的孩子，一想到他也許不能健康的長大，父母會產生近乎恐懼的不安。

總之，孩子的問題與症狀，也會讓父母本身陷入「危機」。

請回想一下剛才說到的「危機」。我們說過，陷入「危機」時，孩子會發動原始性的防衛——「戰鬥．逃走．僵化」反應。**父母雖然是成人，但是因為孩子的問題而感受到「危機」時，好像很多父母也會產生這種原始性的防衛**。

特別是身為母親的人，只要是跟自己的孩子有關，就很難保持冷靜。很可能是因為母性是本能、直覺的反應吧。即使是在工作上能夠冷靜面對的女性，遇到自己孩子的事，就會切換成「戰鬥．逃走．僵化」防衛。

「逃走」防衛也許可以套用在受不了育兒之苦，丟下孩子出外玩樂的類型，而熱中於養出「乖寶寶」的父母，大多容易陷入「戰鬥」或「僵化」的防衛。

勇太媽媽：我是屬於「戰鬥」型的吧。成天擔心、緊張，不知道怎麼辦才好。

步美媽媽：我是「僵化」型，一緊張就全身僵硬，臉色發白。

出現這種反應本身，我覺得就是母性的展現吧。正因為母性豐富，對孩子的操心才會很容易變成父母的「危機」。所以各位爸爸要體諒「為人母者」的心情。稍微冷靜且溫暖地支持太太，給她們「安全感」，媽媽們就能抱著從容不迫的心態，面對危機了。

勇太爸爸：原來是因為母性豐富才會急躁不安啊，哎，我之前從來沒有這麼想過，總是覺得很煩，太太為什麼不能再冷靜一點呢？沒想到是因為當了母親才會有這種行為啊。

步美爸爸：我以為當媽的人太軟弱，所以才無法面對孩子的問題，原來是因為母性強烈，她們的不安才會那麼強。也許父親的角色不是直接地對孩子指東指西，更重要的是給太太安全感吧。

勇太爸爸：原來如此，這樣我比較能了解身為父親該做什麼比較好了。

尤其孩子年幼，哭的時候只要找媽媽，就算爸爸抱起來也還是不滿足，看到這種情形，爸爸通常會很失望，不過透過支持媽媽、守護母子，到了孩子青春期，爸爸與孩子的關係變得越來越重要的時候，再好好發揮功能就好了。

但是，在父母遇到孩子的問題與症狀等「危機」中，大人的原始防衛只是應付一時的方式，而且儘管並非他的本意，但都會加重孩子的問題與症狀，因此，育兒的辛苦、痛苦、看不見未來等現象都會發生。

就以拒絕上學的例子來簡單說明一下吧。

每到早晨孩子就哭訴肚子痛，磨磨蹭蹭地不想去學校，這種情形若是持續了一個星期，做父母的就會非常擔憂。所以，每天早上強烈的憂慮情緒流過父母的身體中，對他們來說，這就是「危機」。

如果勇太媽媽發生這種事，妳會怎麼辦呢？

勇太媽媽：如果是我的話，大概會吼著說：「為什麼你每天早上都要這樣慢吞吞的拖時間？你看看其他小朋友！大家都乖乖的去上學不是嗎！快點去準備出門!!」

我想也是。說到為什麼爸爸媽媽老是大吼怒罵，那是因為對父母來說，面對孩子不去學校這個「危機」，他們會開啟「戰鬥」防衛模式的關係。侵襲而來的強烈憂慮情緒，對父母本身而言是個「危機」，為了對抗身體中湧出的憂慮情緒，所以一下子就勃然大怒了。

如果這個劇碼每天持續上演的話，可以想見孩子會越來越不想上學。因為，孩子因為某種理由，不想上學的強烈情緒在孩子身體裡湧出，所以拒絕去上學，然而父母自己也正竭盡所能地對抗身體裡另一股強烈的情緒，孩子在得不到援助之下，開始否定自我，所以問題更加惡化。

勇太媽媽：哦，原來是這樣，父母只在乎如何讓自己情緒放鬆，卻沒有注意到孩子的情緒有沒有放鬆。第一章裡面提到「當父母要有決心，也就是關注、重視孩子本身的情緒更重於自己情緒的決心。」原來說的就是這回事啊。

如果是步美媽媽遇到這種情形，妳會怎麼辦呢？

步美媽媽：如果是我……一開始，我會腦袋一片空白，但是會盡量正面思考，認為這也沒什麼大不了，然後讓孩子在家休息吧。

因為如果逼她去學校，把她弄哭的話，我反而不知道該怎麼辦了。既然她說不想去學校，那就只好隨她去了。

啊——，這麼做不對吧？結果我只在乎自己的情緒，沒注意到孩子的情緒是吧？……

妳說的沒錯。妳的想法和前面的例子相反，採取的是「僵化」防衛，在處理孩子不想去學校這個父母的「危機」時，會假裝沒這回事，封閉自己身體中湧出的強烈憂慮情緒。

這麼做的話，父母可以得到短暫的心情安定，即使孩子請假在家，也可以不用太煩心，進入開明愉快地接受孩子不想上學的狀態。親子之間暫時有一段和平時期，但是，這也會加重問題，使拒絕上學長期化。沒有根據的樂觀想法反而有危險。

因為，勇太媽媽和步美媽媽也察覺到了，父母完全不再接觸到孩子痛苦的情感了。滯塞在孩子心中的強烈不安就此凍結，擱置了許多年，所以對心理成長發育造成了阻礙。

小孩子只要休息個半年，就會再次升起想讀書、想和朋友一起玩、想去學校的渴望。父母拚命地只想逃避自己身體中湧出的強烈不安情緒，一年又一年的過去，一直沒有給孩子任何支援。

步美媽媽：但是常聽人說，父母接受孩子休學的話，孩子快樂起來，就算是不去學校，也能健康成長。這句話是錯的嗎？

這也有它的道理。但過程中最大的差異是「父母接受孩子休學，覺得無妨」。父母並沒有逃避自己心中湧現的不安，而是把它放在心裡，緊緊地擁抱孩子的情緒，經歷這個過程，在父母決心「我會支持你」，緊緊懷抱孩子痛苦的狀態下，走到「休學也無妨」的境地時，孩子在安全家庭的環境中，就能夠復原，進而成長。

這種狀態下，初期的重點是孩子能開朗快樂地休學，但孩子漸漸復原之後，就得煩惱起復學的事，所以到了後期，父母必須對於孩子復學的煩惱給予支持。所以，如果父母能夠重視孩子的情緒優先於自己的情緒，那麼孩子就算是休學也能健康成長。

步美媽媽：原來如此。簡單的說，孩子出現問題或症狀作為「求救」信號時，父母雖然自己十分擔憂，陷入危機的狀態，但是，父母畢竟是成人，如果能重視守護孩子多於逃避自己的危機，就能夠幫助孩子克服難關。

仔細想想，只要孩子開朗起來，父母的憂慮也會消失，所以父母的危機後續再處理就行了。

當父母面臨「危機」時採取「僵化」防衛，這顯示父母不只不願意碰觸自己的負面情緒，也不願關心孩子的負面情緒；這樣的傾向，不光只是在孩子「拒絕上學」的狀況下發生。甚至，有些孩子在學校適應良好，照著父母的期許長大，當他們發出SOS的信號時，父母典型的反應也是假裝沒看見。

舉例來說，孩子每天看起來笑嘻嘻的出門，開心的上學，也去補習班，表現出很上進的樣子，最後卻發生割腕自殘、或是虐待小動物的行為時，父母卻假裝沒看見。

不難想像，這種狀況所形成的不安，很容易讓父母陷入「危機」之中。所以，他們會採取正面思考，認為「這沒什麼大不了」，隨即封閉該危機所喚起的巨大不安，顯現出幾乎不會擔心的狀態。

因此在這種案例中，最初的階段，孩子並不會努力地要求和家長討論，孩子的信號完全無效的被棄置，直到青春期演變成無法掩蓋的大問題，才爆發開來。

這是一種父母重視孩子適應學校勝過一切的心態，只要孩子能維持適應良好的狀態，其他一切都可以當作沒發生過。而且，如果父母本身從小到大就是「乖寶寶」的話，從小的負面情緒也都在沒有社會化的狀態下，就成為別人的父母，所以，孩子問題引起的強烈憂慮，有時候也會自動封閉起來。

勇太媽媽：看到少年案件的新聞，很多都是父母眼中的好孩子，大人完全沒有察覺，就是這種情形吧。以前都覺得這些父母都有問題，但是也許跟我們沒什麼兩樣……聽到報導，有些家長還擔任家長會幹事，也是很用心在照顧孩子嘛。

步美媽媽：是啊。即使孩子發出信號，但是家長太害怕承認它，自動把它想成沒有問題，這種心態我可以想像，感覺自己也會發生。

所以，只是一味武斷地責怪父母，不能解決任何問題。必須讓父母自己有「安心、安全」感，他們才能把身體裡湧出的不安保留在心裡。為了保障父母的「安心、安全」感，必須有個寬容接納幼兒哭鬧、生氣、傷心的社會。社會必須對幼童小小的犯錯、惡作劇、淘氣，寬容的接納。當整個社會都在追求早熟的「乖寶寶」，這樣的現代社會只會把育兒的父母逼入絕境。

有一部關於蒙古的紀錄片叫做《駱駝駱駝不要哭》（*The Story of the Weeping Camel*，導演：琵亞芭蘇倫．戴娃〔Byambasuren Davaa〕與路易吉．法洛尼〔Luigi

Falorni」），描述在廣闊的戈壁沙漠嚴酷的氣候中，四代同堂的民族過著傳統遊牧生活，感謝大自然賜予的故事。

駱駝是家畜，也是家庭的一員，駱駝經歷難產而生下了孩子，但是卻拒絕餵小駱駝喝奶。一家人為母駱駝不想餵養寶寶感到心痛，想盡辦法讓牠餵奶，但是總是不得其門而入。母駱駝如果拋棄駱駝寶寶，小駱駝就會死掉。一家人手忙腳亂想盡了辦法，但是只要駱駝寶寶一靠近，母駱駝總是拒絕。

蒙古有一個傳統，據說蒙古人會用傳統音樂馬頭琴的琴音來療癒駱駝的心。因此，一家人從鎮上請來馬頭琴的名家，他彈奏馬頭琴的美麗音色和歌聲響徹了草原。這家人的主婦溫柔地撫摸著母駱駝，對她唱出美麗悲傷的歌。

過了許久，母駱駝不再拒絕駱駝寶寶的靠近，家人讓駱駝寶寶含住媽媽的乳房，開始吸奶。母駱駝的眼中流下了淚水。

這是以紀錄片方式所講述的真實故事。

這是個多麼溫暖的社會啊，這個溫暖的文化會為不想育兒的駱駝演奏音樂，他們不追問為什麼母駱駝不想餵兒的原因，也不責難母駱駝的錯，而是用慈悲的眼光面對牠心底可能有的無形傷口，守護著牠直到牠卸下心防，是這樣的社會救了母子駱駝吧。置之死地而後生這種狀況本身，對母親來說一定是十分受傷的經驗吧，唯有表現出產下新生命的沉重，向它的尊嚴表達敬意，才能治癒母親們的心。

第3章

在學校裡，孩子所面對的危機

在本章中，將透過與小學老師的對話，說明最近孩子們的情緒發育陷入什麼樣的危機，同時也想和讀者們一起思考，在什麼樣的關係中，才能保障孩子有健全的情緒發展。

這段時期，在學校裡即使觀察到孩子感到不安的樣子，只要他每天按時上學，家長們大多不會注意到「問題」。日常生活中，即使經常責罵小孩的家庭，由於孩子會去適應父母，所以這段時期家長可能會覺得罵了有效，孩子變乖了。

因此，這裡我們的設定是，我與小學老師們談話，而勇太、步美的爸爸媽媽在一旁傾聽。

1　如何幫助年幼的孩子

佐藤老師：最擔心的是小學一年級的小朋友。一個班級若有三十人以上，那真的是忙昏頭。才幫這邊吵架評理，那邊又開始打架……要讓整個團體一起集中注意力，真的十分困難。

不過，當家長來參加教學觀摩或是運動會時，又變得懂事能幹，好像變了一個人似的。為什麼明明能做得這麼好，但家長不在的時候就做不到呢？真是奇妙。

雖說如此，但是，看著孩子在家長面前表現出色的時候，我經常會想，這是裝出來的吧。其實孩子想多撒嬌一點吧。

我在很多學校都聽過一年級小朋友這種表現。

孩子年幼的時候，存在的意義是為了得到父母的疼愛。為了得到父母的歡心，他們會盡可能去達成父母的期望。

如同第一章、第二章所述，如果父母育兒時，強烈希望孩子不要有負面情緒或不快情緒，孩子到了入學的年齡，會變成負面情緒還沒有社會化的狀態。

這種時候，孩子心裡會有兩種「我」：一個我是父母期望的「乖寶寶」部分，另一個我是懷有父母不希望看到的不快情緒。這兩種情感之間會形成一道牆，所以，他們在父母面前和在學校裡會呈現出兩種不同的樣貌。

本來小學低年級的孩子，都還在想撒嬌的時期，也是在家裡有必要撒嬌的時期。所以在這個階段，在家裡鬧脾氣又愛哭的孩子、家人能接納包容孩子身體溢出的不快情緒的孩子，在學校裡出乎意料地相當努力，而且也能採取相當具有社會性的行為。

反之，在家裡當乖寶寶的話，在學校裡就會表現出幼稚的一面，以彌補撒嬌不夠的部分，所以會發生外表看來像三歲幼童的孩子，到了家長來參觀時，就表現出六歲兒童的狀態。

佐藤老師：這麼說起來，家庭訪問的時候，家長常說孩子在家裡愛撒嬌，很擔心在學校會不習慣。但是在我看來，她的孩子在學校裡非常適應，守規矩，我當時還納悶，怎麼差這麼多？原來是這種原因。反倒是家長對自己的孩子很有信心，認為孩子很聽話，完全不用擔心的孩子，在學校裡總是黏著導護老師撒嬌，或是動不動發脾氣，簡直就像小嬰兒一樣。

簡言之，如果是在學校會努力，回到家會抒發壓力的型態，在情緒的發育上就不太需要擔心了。但是現實是，這非常難做到。因為家長期待孩子成為療癒自己的存在，不允許孩子在家裡隨便把不快情緒的生理現象表露出來。

勇太媽媽：都上小學一年級了，要求他懂事聽話，不是天經地義的事嗎？不過聽您這麼說，這個年齡在家鬧脾氣還是很正常啊。身為家長不自覺的就會擔心，孩子若不快點學會規矩，會跟不上別人啊。

佐藤老師：唔——，不只是家長，學校方面也會擔心啊。小朋友不能規規矩矩地行動，按照一般人的想法，就是嚴加管教來解決。所以，我們心裡也會搖擺，因為只要看看孩子，就知道單靠著嚴厲強迫他聽話，根本上並不能解決任何問題。可是周圍的人會認為：「導師太縱容他們，會被孩子看扁。」所以也很猶豫。因為大聲責罵，叫他聽話比較輕鬆啊……。

事實上，我們想像一下這樣的場面：小學一年級的小朋友，體育課玩跳箱，玩得不亦樂乎，下課鈴響了還不想停，下一節課開始後，他就鬧彆扭，在地上打滾發脾氣。

這種時候，老師要怎麼跟孩子說，才會對孩子的成長有幫助呢？這種時候，半吊子的實習老師拚命問孩子：「你怎麼了？」但某個老師則建議：「他在耍賴，別理他就好了。」

這種狀況下，孩子的情緒控制還在幼稚階段，很難管控自己的欲望，因而撒嬌耍賴。如果像實習老師那樣，拚命地照顧他的情緒，反而會助長他的撒嬌，拉長他鬧脾氣的時間。所以此時這位老師的指點是對的，他確實在「耍賴」。

但是，「他在耍賴，別理他就好了」的對應，有助於孩子學會控制情緒嗎？這一點還是個問號。

採取這樣的行動意味著，孩子本身處於無法安全地懷抱從身體裡湧出的不快情緒——在這裡是指想跳箱而不可得的不滿足——的階段。

在這個階段，從身體中湧出的不快情緒沒有與語言連結，因此，無法用語言表達，也就是說負面情緒尚未社會化。所以，想要培養孩子對於這種程度的不滿足具有忍耐力，首先，最重要的是讓大人承認孩子有這些負面情緒，將它與語言連結的社會化過程也是必要的。

佐藤老師：是啊。小學入學前就能達到這個目標的孩子，聽到上下課鈴就能切換情緒。如果無法達標，那表示前一階段的課題沒有完成，所以必須從做不到的部分開始補足才行。

在學校，一般都能達成適齡的行為，我們不自覺地會從這個角度來想，所以不能太驕縱孩子，但是如果不管他，由著他去的狀態，他會沒有學習的機會。

所以，如果一個小學一年級生，卻還很幼稚，在三歲程度的情緒控制階段的話，就必須用對三歲幼兒的方式和他說話。

佐藤老師：也就是說，應該對他說：「好想再玩跳箱對不對呀？」「下一堂課開始，不能玩了，好可惜哦。」

的確，這種說話方式與說「別再胡鬧了，老是躺在地上耍賴，不是給大家造成麻煩嗎？」所花費的心力相當，但是孩子事後的反應卻大不相同。用前者的方式，可以縮短他必須靠著自己讓心情轉好的時間。

承認負面情緒與承認負面行為，兩者並不相同。承認情緒，將它化為語言，是促使情緒社會化十分重要的支援。情緒得到承認，心情平靜下來，才有辦法自動轉移到下一個理想的行動。

換個說法，承認負面情緒，也是為了阻止孩子的負面行為。當孩子的情緒得到明確的承認，心情穩定下來，走向下一個行動時，受到了讚許，他就能體驗到自己情緒平靜時的舒暢，從而強化自我控制情緒的能力。

如果是受到斥責，因為恐懼而控制情緒的話，那會成為恐懼體驗，也會產生附帶條件，就是除非感到恐懼，否則無法控制。它並不會有助於培養孩子心理的健全。

勇太媽媽：即使進了小學之後，勇太還是不聽話、使性子，讓我很擔心，因為現在他在家裡每天也是這種狀態……

勇太爸爸：對啊對啊。我一想到勇太以後長大的樣子，就擔心得不得了。

剛才舉的例子是一個小學一年級生，但性情依然如同三歲小孩的狀態，這種孩子自出生以來的六年當中，在家裡大多都是人見人愛的「乖寶寶」。這又分成父母以極嚴厲的管教責罵加以控制的家庭，與父母憂心忡忡，孩子在家裡不敢拖拖拉拉的家庭。

所以三歲的時候發三歲的脾氣，讓父母煩惱，然後把他好好抱住，學會適度的忍耐。如果和父母保持這種關係，之後就不必那麼擔心了。

勇太爸爸：所以才說「要讓孩子放心哭泣」。但是，如果他上小學了還是表現出幼稚的狀態，等我們發現時已經太遲了吧？

沒有那回事。從你們發現開始，隨時都可以修正軌道，問題只在於你們有沒有勇氣和決心去修正軌道。

山田老師：我帶的是小學二年級，擔任班導師，班上有的孩子什麼都要搶第一，要不然就會發脾氣。剛才聽老師這麼說我才恍然大悟，原來那是因為，他在家裡被要求做個好孩子，負面情緒沒有社會化的緣故吧。

上次，考漢字測驗時，他錯了一題得九十分，因為沒有滿分就生氣，突然撕破考卷，無理取鬧。周圍的同學都被他嚇到，我拚命地安慰他：「沒有一百分沒關係，只要你有用心寫就行了。」可是他還是大哭大鬧說：「不要啦，討厭啦。」……我說「你把考卷撕破了，老師和媽媽都會傷心哦」但是沒有用。

這種時候，老師用「沒有一百分沒關係，只要你有用心寫就行了」從事理上引導孩子對的做法，或是「你把考卷撕破了，老師和媽媽都會傷心哦」傳達周圍人的心情，來敦促他控制情緒，都是相當普遍的勸慰方式。

但是，大人卻把孩子身體中流動的情緒能量，丟著不處理了。

山田老師：哦，我懂了。這孩子身體中流動的情緒，是「不甘心」的心情吧。難怪，不甘心的情緒沒有經歷社會化的過程，於是爆炸性地噴發出來，才會無理取鬧。

應該要關注「這孩子的情感」，告訴他「你很不甘心哦」，而不是傳達「老師或爸媽的心情」，否則他就無法學習到自己的「不甘心」。

你說的沒錯。這種低年級的小朋友還正在學習自己的情緒到底是什麼，所以如果你不告訴他「真的好不甘心哦」的話，他就無法學習到如何安全地擁抱自己體內流動的不快情緒。

佐藤老師：這種小孩到處都是呢。我們班上勞作課的時候玩黏土，我讚美了某個孩子的作品「做得真棒」，希望其他孩子以他的作品為範本。可是沒過多久，另一個孩子突然把那個作品推倒，弄得亂七八糟。

我說：「為什麼要做這種事！同學用心做出來的勞作，你把它弄壞，真是個壞學生！」我罵了他一頓，想說得趁此機會好好教他對錯的區分。……現在我明白了，就算理智上知道什麼叫對錯，也不能改善他的行為。

山田老師：總之，那孩子就是嫉妒老師稱讚的同學吧。

佐藤老師：就是啊。當然啦，雖然有必要當場指導他是非對錯，不過，如果不用語言讓那孩子認識到自己嫉妒的情緒、不甘願的心情的話，就不算是支持孩子的成長。這一點，我現在懂了。

看到被老師稱讚的黏土作品時，如果用語言說明這孩子身體中流動的情感——「你一定覺得很不甘心吧」，那麼孩子即使心裡抱著不甘心的心情，也能安全的自處，不會伸手出去搞破壞了。

這麼一說我倒是想到，後來我打電話給學生的媽媽，告知她孩子闖的禍，她突然回嗆「我們家的孩子才不會做那種事。」害我一時語塞。想來他們家親子之間的關係，大概是不承認孩子的負面情緒吧。

步美媽媽：我理解那位母親的心情。我猜想她一定很驚慌，完全無法接受自己的孩子會做出那麼粗暴的行為，所以才會反射性地惱羞成怒吧。

仔細一想，明知對老師很不禮貌，可是大概是一時亂了方寸，所以才會矢口否認。這種感覺我懂。畢竟，那個孩子在家裡一向是乖寶寶呀。所以她更加無法相信，因而勃然大怒吧。但是，這態度對老師太失禮了。

佐藤老師：原來如此，是這麼回事啊……我當時只是納悶，為什麼家長不能面對自己孩子真實的面貌呢？不過，家長自己也是心慌意亂吧，站在家長的立場來想，我也充分可以理解。

山田老師：低年級的孩子當中，像剛才話題中這種因為一點小事就無法控制情緒、大發脾氣的孩子，的確令人擔心。不過，最近我特別關注的是心不在焉，老是發呆的孩子。他們的目光變得空洞，楞楞的不知在想什麼，然後突然回過神來。這種孩子越來越多了呢。不過，他們只是發呆，也沒有打擾到別人，也不會造成問題，應該沒關係吧……

佐藤老師：我也很擔心。有個孩子和同學吵架，越吵越大聲。如果是一般人，哇哇大哭也很正常，可是他卻發起呆來，好像意識從這裡飄走似的。過了一會兒，他突然回過神來，神情自若，可是卻好像完全忘了剛才吵架的事。我看他好像什麼事都沒發生過的樣子，有點擔心這樣好嗎……說不上來什麼感覺，但看起來好像是他在逃避自己的意識。

山田老師：是的是的。低年級的時候不明顯，但是我很擔心他們的心理真的能健康發展嗎？而且，家長們好像一點也不在意，他們在家裡都很乖巧聽話，要學的科目又很多……

佐藤老師：有時候我會覺得，當他們發呆的時候，意識也飄遠了，別人對他說話，好像也沒聽見似的。所以有的孩子才會忘東忘西。

發呆的孩子和使性子的孩子都一樣，必須細心地經營與他們的關係。使性子的孩子用發怒作為SOS的訊號，有機會讓大人察覺，但是發呆的孩子得不到大人的注意，也許很多人就在得不到關注的情形下慢慢長大。

當然，任何人都會因為無聊而發呆，但這裡討論的「發呆」是強烈的負面情緒湧出下，原本應該哭泣、生氣的場面，他卻出現發呆的反應。

這個狀態意味著，孩子沒有能力支撐身體裡湧出的負面情緒、不快感的時候，日常性的發生「輕度解離」的現象。

在學校裡過著群體生活時，每天孩子都會曝露在他們自己的壓力情境中——從成長過程必要的適度壓力，到殺傷力強大的壓力，五花八門。負面情緒沒有完成社會化的孩子，遇到成長所必須的適度壓力時，也會視為危機，採取「僵化」防衛，封閉情緒，藉由解離模式適應，進入日常化的狀態。

在那種狀況下，像佐藤老師班上那位學生，和同學吵架，本來哭泣是理所當然的反應，他卻發起呆了。這是因為孩子無法支撐吵架的壓力場面中被喚起的不舒服情緒，而意識出現解離的現象。所以，一旦恢復原狀，他會出現遺忘的反應。

某些孩子光是待在學校裡就會感到壓力，即使如此他還是努力適應時，就有可能出現用心不在焉、發呆來適應的反應。若是孩子在這種狀態下上學，出現健忘頻率過高，或是坐在課堂中，卻完全沒有累積學習的現象，也不值得奇怪。

佐藤老師：這種算是生病嗎？

不是。這麼小的幼童在日常生活中解離，雖然是個訊號，但是單就這個事件，並不算是疾病。孩子只是養成這種習慣，作為適應學校的方法。但是，如果就這樣下去的話，到年紀比較大的階段，非常有可能發展成有診斷名的狀態。

在本書中，我是從預防孩子進入青春期後，被診斷出病名的觀點來寫的，提供新的角度細心找出過去遺漏的部分，希望從支援孩子的角度能有所幫助，而不要將孩子當作異常病態，排斥他們。

佐藤老師：是的，從這個角度來看，小學裡需要支援的孩子非常多。對這類湧出不快情緒以發呆來應對的孩子，我們該怎麼支援他們才好呢？

基本上重要的是，在孩子感受到不快情緒時，勸慰他：「不高興是理所當然啊」，提醒他就算是感受到這種情緒也是安全的。對鬧脾氣的孩子也是一樣，大人要去擁抱孩子的不快情緒。

那孩子吵架的時候，是什麼樣的心情呢？

佐藤老師：他吵架的對象是好朋友，所以可能很震驚，也很難過吧。這種情形應該安慰他：「很傷心哦，」但是就算對他這麼說，他也是恍然不覺的樣子。

成長過程中接觸過自己體內流動的負面情緒，但從來沒有安全懷抱它經驗的孩子，在接觸到負面情緒時，是非常害怕的，所以他會解離防衛，讓自己不用去碰觸。周圍的大人就算想碰觸他的負面情緒，或許他也不會馬上有反應。

所以，在日常生活中，當孩子遇到負面情緒，讓他碰觸、承認這種正常的情緒，重複演練這個經驗是很重要的。本來這種經驗若能與家長一起完成是最好不過的，家長若是能這樣參與，很短的時間內孩子就會復原。

步美爸爸：我要好好反省。直到現在，只要我一開罵，步美就會發呆，所以我很明白都是父母的責任。如果再不處理，即使她在我們面前是個乖孩子，到了學校很可能就會出現那種狀態。

我現在十分了解了，讓步美在我們面前哭出來有多麼重要。只要在她哭的時候把她抱起來就行了，對吧。這麼做其實輕鬆得多。因為她是我們的心肝寶貝啊……。

山田老師：是呀。我們身為老師都會擔心了，家長一定更擔心，如果承認負面情緒，孩子會不會變得更任性？因此他們不敢承認孩子的負面情緒，導致了惡性循環。我們老師如果能確實感受到孩子的危機，與家長們聯手合作會比較好。

佐藤老師：我真的深有所感，日常的參與非常重要。如果一次就能成功，那也就不會辛苦了。

剛才你說到，負面情緒湧出來的時候，孩子會害怕去碰觸它，可是有時當他驚慌大哭，我去抱他的時候，他卻把我的手甩開，不讓我接近。這也是一種害怕嗎？

那個孩子只要看到我有空，就會纏著我要我抱他，很愛撒嬌，還有些稚氣未脫的樣子。心情好的時候喜歡我抱，但是哭的時候卻不讓我靠近，好像在說「別過來！」……

這在第一章時我們就講過，有些時候，孩子在心情好的時候讓家長抱，哭鬧的時候反而很難抱他。

前面我們一再強調，孩子感覺曝露在危機中，不快的情緒在自己身體裡流動的時候，父母若能將他抱起，安全包裹住他，孩子就能安全地保留那些負面的情緒。

但是，自己受到不快情緒左右，卻沒有被擁抱經驗的孩子，大多時候家長還會加碼責罵，或是否定他的感覺，所以孩子一受到不快情緒左右，自動會體認到周圍的大人是危險的，因而會出現雙面性格：在「好孩子模式」狀態時很親近，在「混亂模式」的狀態下，並不認為大人是安全的。

佐藤老師：原來是這樣，我完全了解了，因為哭完之後，他又會跑來找我了。所以，以後他再這樣，即使他推開我，還是要關懷他才對吧？即使他受到不快情緒的左右，只要我待在他身邊，讓他感到安全，那種想法就會漸漸消失了吧。

你說的沒有錯。那時候，不需要用認知的語言、有條理的語言來說服他，而是緩緩地配合他的呼吸，默默坐在他身邊，觀察他的動靜，輕輕地把手放在他背上，以這種「擁抱方式」給他安全感，會非常有效果。

剛開始，老師要配合孩子急促的呼吸，等抓到節奏之後，老師再引導呼吸，讓他把呼吸緩和，孩子就會平靜下來。

山田老師：我懂我懂。這種應對恐慌現象的做法，遇到有障礙的孩子，我們都會做。但是遇到掛著「正常孩子」標籤的孩子，不自覺地就會用「快點不要哭了，大家都在等你哦」的口氣了。不過，若是把它想成日常支援孩子情緒發育的機會，反倒覺得這種時候，用身體支持他的安全體驗，撫慰著說「很傷心哦」，真的是很重要的教育呢。

如果能夠讓孩子恢復「有煩惱時求助，可以在大人的懷中哭泣」這個簡單的原則，那麼培育孩子們的情緒，就不是什麼困難的事了。因此，我們需要「大人的臂彎可以讓孩子放心哭泣」。

「讓孩子能夠放心哭泣」的意思，就是「培養孩子知道可以在大人的臂彎中哭泣」。

勇太爸爸：感覺上我們家長滿腦子都被自己的不安占滿了，無暇去顧及孩子們的情緒培養，而學校老師好像試圖幫我們把這塊缺角補上了。

佐藤老師：我想我們也必須對家長因為疼愛孩子，反而更加不安的心態表示理解，而不要與家長站在對立面。

2 當孩子自暴自棄時，如何支援他們？

太田老師：我帶的是小學四年級的班導，現在苦惱的是學生們會說些非常粗魯野蠻的話。班上有些孩子表現不好，其他同學動不動就會冒出「去死啦！」的話，「去死」「殺了你」成了日常用語。我在課堂上很認真地找了一段時間訓誨他們不可以使用這種字眼，結果現在變得地下化，本質上並沒有改善。

簡言之，老師在的時候他們不會說這種話了，但是在我們看不見的地方，依然老毛病不改。我覺得很感嘆，課堂上教的東西，他們只學習到在老師面前不能用。

去年這個班的情況是怎樣呢？

太田老師：去年帶班的導師退休了，我是在不重編班只換導師的狀況下接下這個班。

聽說去年他們都很聽話，而且據家長的說法，前任導師相當嚴格。所以，現在家長們雖然很感謝我，但是孩子們變得不守秩序，彷彿是要抒發去年的壓力似的。不信任大人的感覺似乎蔓延開來，有些女生表面上若無其事，但是看她的筆記，字裡行間感覺相當無奈。

我明白了。太田老師班上發生的狀況，是各地學校經常聽聞的典型模式。在教學非常嚴格的老師面前，孩子們百依百順，以「好學生」模式適應，孩子習慣了原本採取封閉情緒來適應的防衛，對低年級的孩子來說，適應嚴格的老師並沒有那麼困難。但是，在那段期間，未經過承認的憤怒、悲傷、害怕、不安，都得不到與語言連結的機會，形成能量累積起來。第二年，和藹的老師接任班導，孩子們的負面能量一瞬間釋放出來。這就是典型。

太田老師：我猜的果然沒錯。聽您說是典型，我鬆了一口氣。因為我總是懷疑，沒能把全班帶好是自己的能力不足呢還是怎麼回事。周圍的人也用「你想得太簡單了吧」的眼光看我，真的很煎熬。

這種事也很常見，我想很多老師用和藹的態度對待孩子，全班混亂不守規矩，因而受到外界批評的眼光，說他「會不會想得太簡單」，老師因而有苦說不出。這部分與家長害怕外人指責「太寵孩子」而不敢接納孩子的負面情緒，是同樣的結構。

第二章裡提到，孩子感受到「危機」而產生解離，然後再次感到安全時，孩子的心（腦）會開始啟動復原。復原的意思是為了統合解離的情緒，而讓情緒溢流出來的過程。孩子們遇到暖心的老師，漸漸轉變成如實表達情緒的狀態，但是，未經社會化的負面情緒汩汩溢流出來，孩子卻無法適切地表達。

太田老師：確實是這種狀態，孩子們是不是只會用「去死」「殺了你」「煩死了」「火大」「累了」「沒事啊」等字眼，來表現自己的負面情緒呢？印象中他們的確說不出「悲傷」、「寂寞」、「不甘心」、「不好意思」、「生氣」等清楚表達情緒的詞語。

負面情緒是現實大人不認同的身體感覺，若是沒有跟語言連結，就只是一股存在的能量。在這種狀態下沉迷於電視或電玩時，就能找到與自己體內流動的負面情緒相吻合的字眼。

例如在躁動心煩的時候，在電玩裡喊著「去死！」打倒敵人，感到神清氣爽。我在想他們是不是隨著當時自己身體的感覺，獲取了這些不適當的粗暴語言來作為表達自我情緒的語言呢？

所以，孩子說「去死！」的時候，其實心裡的感受可能是「不甘願」。當他說「累了」時，也許真正的感覺是「悲傷」。而「沒事啊」也許是「不安」的心情。

可以這麼說，光是從說話的方式來看，孩子們是學錯了表達負面情緒的詞彙。然而，當遊戲、電視、網路問題與大人不認同孩子負面情緒的傾向一起出現時，就會成為對孩子帶來重大負面影響的問題。

但實際上，會對於「去死」「殺了你」等字眼感到害怕，而說不出口的孩子還是很多的。這些孩子在成長期間，他們心中的不快情緒有得到大人的重視，可以用身體感覺去感受詞語真正的意義，對於說出「去死」等字眼，他們了解那是可怕的。

太田老師：這麼說，如果孩子說「去死！」的時候，能夠置換成當時真正感覺到的情緒語言，他就能重新學會適當地表現情緒嘍？

我是這麼認為，但是做得到嗎？

太田老師：唔——，不久之前，全班打躲避球，一個孩子憑著高超的閃避技術，一直沒被打中。大家的期待全繫於他一身，加油聲越喊越大。到這裡為止都沒問題，但是到了最後他還是被打中，他們隊輸了。不料同學們竟然攻擊盡力撐到最後的那個孩子「去死！」「去死！」狀況十分悲慘。於是，我上前保護那個孩子，攻擊他的孩子們因而更加不滿，情勢大混亂。我知道我維護他，其他人的攻擊性會越來越強，但是他的處境太可憐了，我只好責罵那些攻擊的孩子。

原來如此，這麼一來，攻擊的孩子的不滿更加膨脹，留在心裡。到這種狀況，下一堂課還是餘恨未消吧。

太田老師：就是說啊。他們只要找到一點小漏洞就不斷攻擊。簡言之，那些攻擊的孩子都是因為對躲避球太認真了，不甘心輸掉吧。他們的心情不言自明，其實不甘心也是好事，因為那表示他們是多麼認真在打球。

但是，「不甘心」變成了「去死！」我不得不責罵他們，結果變成了惡性循環。如果讓他們把「去死！」換成「真不甘心哪——」，也就是在這種情境下，正是教他們說「不甘心」這個詞的階段。若是這樣，我想應該是做得到的。

說起來，學生學錯了表現不快情緒的語言，身為老師應該想辦法糾正，因為我們想找回孩子臉上燦爛的笑臉啊。抱著自暴自棄的想法，實在是太教人同情了。

的確是。讓讀小學的孩子產生粗暴的情緒，是大人的責任。為了找回孩子真實的燦爛笑臉，就必須重視他們的負面情緒、不快的情緒，然後在他傷心、不甘心的時候，能夠躲在大人的臂彎中哭泣。

佐佐木老師：我帶的班是小學三年級，也發生和太田老師一樣的狀況，所以很有參考價值。我們班上有個孩子脾氣非常激烈粗暴，每天我都擔心得要死，不知道會不會發生事情。

他的爸爸會打人，所以離婚了，現在和母親相依為命。聽說在離婚之前，這孩子都很乖，父母離婚、轉學之後，才變得性格暴躁。

剛才聽到專家的話，我才明白為什麼父母離婚之後，那孩子會性情大變。家庭成為安全的場所之後，他的負面情緒才會散發出來，讓身心恢復正常，是嗎？

一如經歷過家庭暴力的孩子，日常的家庭生活中發生暴力時，確實會產生封閉情感來防衛自己的行為。因為他可以封閉情緒，扮演「好孩子」的角色。母親為了保護自己和孩子的人權而訴請離婚，表示她是個很堅強的母親。離婚成功也確保了她自己和孩子的安全。

大人的事雖然告一段落，可是孩子從此時才開始復原的過程。在這種環境長大的孩子，多年來養成封閉負面情緒的習慣，而且也沒有學習過該如何處理身體裡湧出的不快情緒。

處在這種狀態的孩子，對否定自我的刺激會特別敏感，表現出負面情緒一瞬間爆發、無理取鬧的狀態。

如何對待這種狀態的孩子，請參考拙著：《理解與援助無法控制怒氣的孩子——父母和老師的參與》（金子書房）。

渡邊老師：我也是帶小學三年級的班導師，我們班上也有個容易暴怒之後，又驚慌失措的孩子。我聽他母親說，以前並沒有特別乖巧的時期，來學校也是任性隨便，感覺不出他有壓抑情感的地方，這種孩子該怎麼對待？

比如說，有的孩子從幼年時期就是個能量無窮、活動力超強的健康寶寶。對父母來說照顧他非常費神，所以叱罵的情形有偏多的傾向。

但是，太多責罵變成家常便飯的話，有時也會成為即使想管教也管不動的狀態。

勇太媽媽：這樣在學校裡肯定會出大問題吧。勇太也是這樣，我也告訴自己某些時候要忍住，否則可以想像，到時候想管也管不動的狀態。

後來，我只要一罵，孩子就充耳不聞的樣子，感覺上只要父母說的話，他好像會自動做出完全封閉的反應吧……

勇太爸爸：我在國中的時候也是這樣，因為經常被老師罵，所以只要他一開始訓話，腦中就開始想別的事情，或者是發呆，老師說了什麼，我完全沒記憶……。小孩子也會有這種現象嗎？

渡邊老師：原來如此，的確有這種感覺。爸爸媽媽一再告訴我「我們耳提面命地一直提醒他要多忍耐了」，結果變成惡性循環了吧。

會有惡性循環吧。因此，不快情緒湧出來的時候，可能會陷入無法安全地懷抱它的狀態。在學校裡任性隨便是什麼狀態呢？

渡邊老師：聽課聽得不耐煩就站起來，上游泳課下課鈴響，他就哭鬧說還想下水。上課中想要寫黑板就寫個不停，只要制止他就開始鬧脾氣。好像只有二、三歲的感覺。

也就是說，他和老師的關係，顯示出「任性」的幼稚行為吧。與同學的關係怎麼樣呢？對同學也會堅持己見，動不動就翻臉嗎？

渡邊老師：前幾天，隔壁的同學捏他的臉頰，害我倒抽了一口氣，可是他卻笑嘻嘻的，我呆住了，心想「為什麼？」……這是個問題吧？

這麼說起來，我們看這孩子的眼光，認為他很自我中心，任性胡鬧，可是他和大人的關係，以及和同學的關係也許不太一樣。這孩子對同學也許並不會耍拗脾氣。啊，這是個盲點。因為我們一直認為他是個「任性的孩子」、「自我中心強烈的孩子」，所以沒有發現他和同學的關係。

我想這是我們經常會遺漏的地方，假設小孩子之間互相捏來捏去，還是笑嘻嘻的狀態，那麼就需要思考他是不是累積了氣憤和傷心。心裡累積的情緒，也許會用別的形式發作出來。

像這樣關注教室內發生的狀況，是教師的職責，所以並不能說家庭中有惡性循環，就無法支持孩子。

渡邊老師：您說的真的沒錯。您的意思是，他被捏臉的時候雖然臉上帶著笑，我也應該支援他、安慰他：「很痛哦。很難過吧。」我會如實地通報家長，讓家長能從容應對。但是，同學對他做出討厭的事時，如果他能哭出來，遇到其他的困境也能產生忍耐的力量嗎？

我認為會。因為他各方面都有幼稚的一面，所以也許不能立竿見影，不過我想漸漸會改變。

若是孩子在應該哭的時候能哭出來，他就能學會在應該忍耐的時候忍耐。一味要求他忍耐，孩子會因為可忍與不可忍的碰撞壓力，而尖聲哭鬧起來，但是這種哭鬧對成長並沒有幫助。

步美爸爸：原來如此，所以有的哭泣對成長有幫助，有的沒有。回應不了大人要求的壓力而發出的尖聲哭鬧，不論再怎麼哭，都和本書中所說的「讓孩子學會哭泣」的哭不同。我覺得豁然開朗了。

步美媽媽：我懂了。但是，父母自己都陷入恐慌的時候，可能無法分辨吧……

3 對於做不到、失敗的強烈擔心

木村老師：我帶的班是小學五年級。前面舉的問題案例，五年級學生裡也有，所以真的獲益良多。普遍來說，最近孩子們都非常害怕做不到、做錯、失敗，明顯感覺到他們的脆弱。

家長也是一樣，對於孩子做錯、失敗或是做不到的情形非常緊張，我覺得這會讓孩子更加膽怯。

遠藤老師：我擔任小學六年級的班導師，我也有同感。

我們班有個女生，交上來的考試卷全部空白，我感到不解，便把她叫來問，她說，想到如果寫錯了怎麼辦，於是腦中一片空白，轉眼間考試時間就到了。

我對她說：「寫錯也沒有關係呀。」她說：「老師，這個我心裡明白，可是就是寫不出來。」

木村老師：我們班的一個男生若是碰到想不出答案的時候，就會心神不寧，大喊大叫，開始打自己的頭。那時候他的眼神變了，神情也和平時不同，所以我會平靜地跟他說：「沒關係啦。」然後，他會漸漸安靜下來，不過只要遇到他看不懂的問題，或是第一次遇到的問題，就會發作。

遠藤老師：我也和家長溝通過，犯錯是成長中必要的過程，本來就會有些無法和他人比較的部分。但是孩子若有犯錯，或是不會的地方，家長就會非常擔憂，不知道怎麼跟他們說才好。

剛才說的那個交白卷的女生，她的母親對孩子的成績非常關注，每次測驗的複習，母親都會坐在她身邊，幫她修正錯誤。她的用心值得嘉獎，但是我也擔心，對孩子來說會不會反而是一種壓力。

木村老師：說的有理。孩子犯錯，父母會陷入錯覺，好像犯錯的是自己。所以他們忘了自己的立場應該是在孩子犯錯不安時支持他，結果反而滿腦子都是自己的不安，進而對孩子窮追猛打。

勇太媽媽：這可能發生在任何孩子身上。到了高年級，父母都會很關心他們的學業吧……如果書念不好，感覺未來就暗淡無光了。

步美媽媽：的確是。把步美的分數當成我的分數的那種錯覺，真的是這樣啊。

勇太爸爸：我們每天在社會上承受嚴厲的考驗，所以還是覺得小時候應該多用功一點比較好。不知不覺就會對孩子寄予期待，希望他們認真讀書……

步美爸爸：對呀。功課不好以後出了社會，就得面臨被刷掉的嚴苛處境。從某個層面來說，我們也是希望孩子成人之後不要吃那麼多苦，才要他們趁著小時候多努力。

害怕犯錯的傾向是個嚴重的問題，在大學生身上也很常見。如果是個成績優秀的大學生，在上大學之前碰到的都是「只要去做就能成功」的經驗，當他們在大學裡第一次體會到「即使做了也未必成功」時，會受到很大的打擊。

從孩子幼年開始，就一直在「只要努力就能成功」的鼓勵下長大，所以也許並不奇怪。但是進入社會之後，要學習專業上的東西，有時是需要「從錯誤中學習」。這對於從小拚命努力「先預習以免犯錯」的小孩來說，成為社會人之後，就顯得脆弱而容易受到挫折。

從這層意義來看，家長們可能也是懷著這種不安而成為父母，因此才試圖控制孩子不要犯錯，導致了惡性循環。

步美媽媽：您說的一點也沒錯。我從小就是認真預習功課，避免錯誤，一路這樣長大的。所以孩子如果功課沒準備好，我就會過度的擔心她會怎麼樣。

勇太媽媽：我呢，在學業上一直是個達不到父母期望的小孩，所以大概是排斥感吧。爸媽希望我能考到好大學，但是我讓他們失望了，所以我不願意別人對我有什麼期待，可是遇到自己的孩子，卻又走回老路而期待起來。

害怕犯錯，是因為「犯錯」這件事會喚起不安、羞愧等不快情緒。負面情緒沒有經過社會化的話，人會啟動防衛以避免那種不快情緒被喚起，因而發生像遠藤老師班上學生那樣「如果錯了怎麼辦，腦中一片空白，轉眼間測驗時間結束了」的情形。這段期間，可以理解成那孩子是在解離狀態。「寫錯了怎麼辦」的憂慮，大到孩子難以承受，所以她支撐不了。

木村老師班上的學生也是一樣。這個孩子因為憂慮一塊兒爆發，變成恐慌，責怪自己的沒用，因而產生打自己頭的自殘行為。這種狀態下，像木村老師那樣給予撫慰，讓他的身體感受到安全感是十分重要的。

遠藤老師：就是這樣。我明白了。口頭上不論說多少次「犯錯了沒關係呀」，但孩子身體沒有真正感覺到安全，就沒有意義。

而且，除了考試之外，在日常生活中也必須特別留心才行。如果全班同學不能形成接受犯錯的共識，就還是會沒有安全感吧。

我同意。班上如果有共識，能守護犯錯的同學、學不會的同學、異常的同學的話，即使感到不安或丟臉，也因為體驗到四周圍而得到安全的環抱，孩子們便能在自己心裡保有不安或丟臉的負面情緒了。

如果為了提升班上的成績，就責罵學不會的孩子、犯錯的孩子，來控制團體走向正確方向的話，優秀的孩子一時沒有問題，發揮實力，能回應教師的期待。但是到了青春期、青年期或者成為社會人之後，一旦自己處於做不好的狀態，就會陷於脆弱，極度的受挫。

遠藤老師：第二章提到要如何培育不怕挫折的堅強孩子時，專家您說過：「即使是負面情緒，在大人的安心、安全的包容下，孩子就能安全地保有它。」以學校來說，就是全班形成「包圍的安全感」吧？老師的角色也在這裡面，我懂了。

木村老師：但是，也有另一派認為，這樣太過於保護孩子並不是好事。例如像是「短跑比賽不設名次，大家一視同仁避免競爭，所以才受不了挫折」或是「不習慣受到屈辱，培養不了耐性」等等，在電視評論中經常聽到這種論調，令人不知所措。

現在孩子太嬌縱，沒有受屈辱的經驗所以容易暴躁，這種論調是那些人從自己的體驗所得出的經驗談。許多大人在自我人格形成的階段，有過將挫折或屈辱轉為自己實力的經驗，因而有這種普遍觀念的產生。

我想，以前的確是這樣沒錯，但是，若是把它導向嚴格教育才是對的，那就太武斷了。在學校裡過群體生活，不愉快的經驗不可勝數，我想應該所有孩子都體驗過「屈辱」感的事吧。這一點不論古今都一樣。唯獨有一點不同，那就是感受「屈辱」時對於不快感覺的處理方式。

如同第一章、第二章說過的，受到不快情緒掌控時，如果採取的防衛反應，是以解離模式適應，而不是封閉不快感，長大之後，即使體驗到「屈辱」，也會裝作沒有體驗到，所以它不只不會整合成自己的生命力，其後，那種不快感的團塊會成為突然失控爆發的能量。

還有，為什麼孩子們會封閉情感，學會解離模式的適應呢？那是因為他們自年幼開始，就被要求實現父母的理想——「成為經得起屈辱的堅強孩子、不怕挫折的孩子」，因而負擔太重所產生的。

也就是說，大人越是要求孩子達到某些要求，就越會卡在惡性循環中。

這本書要教大家的就是「讓孩子放心哭泣」。

孩子能夠哭出來是建立在大人能夠忍耐孩子哭泣的前提下。為了讓孩子學會真正能忍耐屈辱的力量，大人的任務是在孩子感受到屈辱時支持他放聲的哭出來，也就是大人應該面對、支持孩子的傷痛哭泣。

自己的孩子在運動會上丟了臉，心裡感到不痛快的時候，父母如果能緊緊抱住噙著眼淚的孩子，那就足夠了，然後讓他好好的哭一場就行了。責罵孩子「爸爸媽媽的臉都被你丟光了！」或是抱怨老師「我們家孩子那麼丟臉，都是老師顧慮不周！」的時候，父母在意的不是孩子的情緒，而是自己的情緒。

第一章中我們說過，當父母的必須痛下決心，重視孩子的情緒多於自己的情緒。如果想培養孩子經得起挫折或屈辱，就必須讓他完全能承受不甘心或悲傷，不要去奪走他體驗挫折、屈辱的機會，都不讓他有痛苦的體驗，那是不行的。但是也不用讓他去體驗大量的屈辱。要追究的是，大人在面對孩子時是否有大人的擔當。

勇太爸爸：那就是為人父母該有的「決心」吧。

4 霸凌周邊的人際關係

遠藤老師：我明白了，緊緊環抱孩子的情緒，是大人的任務。我們很想建立一個環抱負面情緒、有安全氣氛的班級，但是霸凌的問題非常難解決，總是令人憂心忡忡。

木村老師：高年級，尤其是女生的霸凌問題，真的很難解決。今天被霸凌的孩子，明天搖身一變成了霸凌者，關係一天一變，有時我會很悲觀，不知道該怎麼樣才能改善。

遠藤老師：我們班上有兩個女生都喜歡同一個男生，我們就暫時稱她們A同學和B同學吧。A同學和B同學都喜歡C君，C君喜歡B同學，好像還寫了情書什麼的。到這裡為止都令人莞薾，但是A同學對周圍的同學說B同學的壞話，開始霸凌她。散布「B說你不可愛」的謠言，又在B同學的簿子上寫「去死」，傳字條說她的壞話……

B同學開始表示她不想去學校，所以我才了解其中真相。最後，我在班上與全班討論，暫時解決了問題，可是接下來換成與B同學要好的D同學，聯合其他的同學開始霸凌A同學。由於在班會上公開過，醞釀出A同學做了壞事的氛圍，所以A同學成了被霸凌的對象。

就在這段期間，突然E同學開始不想上學了。聽E同學的母親說，她哭訴每天如果不霸凌誰同學就不跟她玩，感覺好痛苦。E同學想哭的心情可想而知，她說己所不欲勿施於人，這確實是再對不過的道理。女同學之間的人際關係很難搞，我感覺帶這個班真的走進了死胡同。

遠藤老師班上的案例，我推測原本是A同學的嫉妒或吃醋，轉而發展成攻擊B同學的情緒所引起的吧？之後，進行一般的班級指導，斷定A同學的行為不對之後，接著反過來，變成A同學遭到別人的霸凌。

帶頭欺負A同學的D同學，是不是在什麼地方有自己的苦衷呢？

遠藤老師：D同學平常是個開朗的孩子，總是笑咪咪的，所以，我沒有想過她曾經有過什麼苦衷，但是，她煽動大家欺負A同學，所以應該累積了攻擊的情緒吧。

這些發動霸凌的學生，他們的行為也是SOS的信號吧。這麼一想，我再去調查一下D同學是不是有什麼苦衷。

A同學身處的狀況應該是無法安全保有自己身體內湧出的嫉妒情緒吧。因此她用對B同學搗蛋或攻擊的方式爆發開來。我想D同學也因為某種原因，而陷入只能靠攻擊他人才能表達自己憤怒或悲傷的狀態。E同學是個懂得「己所不欲勿施於人」的孩子，所以她應該是個在父母教導下，懂得重視自己情緒的孩子。

從這個案例中，我們看到有的孩子為求自保而攻擊他人卻顯得若無其事，十分適應，而懂得將心比心的孩子反而陷入不適應，實在是非常諷刺而悲哀的景象。

步美媽媽：欸！怎麼會這樣，這還有天理嗎？懂得體貼別人、將心比心的孩子反而不敢到學校去……

勇太媽媽：唔——，這就是現實吧？真是令人心痛啊。

的確是令人心痛，所以我才會寫這本書，讓攻擊他人以求自保的孩子不要成為主流。

教導孩子霸凌是錯誤的行為很重要，但是在很多孩子負面情緒沒有社會化的班級中，會發生即使孩子們理智上知道「不可以霸凌別人」，但是卻不會直接與「不要再發生霸凌」的概念連結起來。

「霸凌」行為的產生，是作為憤怒、悲傷、不滿、嫉妒、憎恨等負面情緒的表現形態，如果不能細心地關注、認同每個孩子的憤怒與悲傷，支持負面情緒的社會化，則教師的指導也會被捲入霸凌的惡性循環中。

站在父母的立場，儘管他們對自己孩子「被霸凌」的事態有敏感度，但是對於孩子「霸凌別人」的事態，大多看得比較輕微，認為只是一種「惡作劇」而已。

而且，如果這種霸凌、被霸凌成了循環的話，父母對於孩子經常出現的爭執吵架，就會不太重視。就如古時候的俗話說，孩子吵架，父母不要介入，這確實是重要的態度。

但是，如果我們的孩子身邊發生了這種霸凌循環的狀態，身為父母就有必要回顧一下自己孩子在什麼環節上懷有憤怒和悲傷，那種情緒能在父母面前表現出來嗎？父母有接納這種情緒嗎？

總之，父母必須做的不是去控制別人家的孩子，而是反省自己。不論是自家孩子霸凌別人，或是不想被霸凌而為虎作倀的時候，希望父母能看清楚，那是自己未能承接孩子憤怒、悲傷、痛苦情緒的信號。

如果父母能確實承接孩子的情緒，孩子在學校裡就有可能好好地接受教師的指導。沒有大人承接情緒的孩子，只好將憤怒的情緒潛伏下來，而發展成下一次的霸凌。

勇太爸爸：原來孩子霸凌問題的背後，隱藏著父母沒有正確承接孩子負面情緒的問題。得知自己孩子霸凌別人後，必須回顧我們有沒有承接孩子的憤怒或悲傷，這思維真讓人受益良多，如果能早點聽到就好了。

遠藤老師：霸凌問題的確是學校必須解決的問題，但是如果各位家長不能以承接孩子的負面情緒來協助的話，班級真的會陷入危機。像E同學那樣有正確想法的人卻無法到學校來，我個人真的責無旁貸。

一般來說，若將這種情形轉告霸凌者的家長，大多會以責罵孩子來解決，所以有時候我也很猶豫，是否該告知家長。像A同學的例子，家長的口氣好像在說：「我老公已經把她痛罵一頓，就不要再追究了。」A同學第二天到校時，臉上多了淤青，大概是被修理了吧。

我很想告訴家長，「不要用這種做法」，但是家長已經不想再提的感覺，無法再溝通下去。

從遠藤老師的談話中知道，A同學的父母嚴厲教訓了她，所以，由此可以推測，A同學沒有體驗過讓父母了解自己情緒的可能性很高。由於父母不認同自己的負面情緒，A同學因而呈現攻擊性爆發的狀態，儘管如此，最後還是被責罵，負面情緒也失去了社會化的機會，一直處於這種惡性循環中。

遠藤老師：我也正是這樣想。如果家長不要用打罵的方式，好好地聽她說話就好了。該怎麼樣讓家長明瞭這一點呢？

問題每次到了這裡就卡住了。

步美爸爸：唔——，我也可能會這樣。我還是無法接受自己孩子做出那種事，所以只會用暴力去壓制或是當作沒發生過吧。班導師說的話，我也可能聽不進去。

父母也有自己的事情要顧，有時候也無暇管那麼多吧。以A同學的父母來說，自己的孩子做出那種行為，他們一定也覺得是自己的恥辱。因為把它當成自己的恥辱，所以和他們談這件事，他們會感到難以忍受的屈辱吧。所以，他們才會責罵讓自己蒙羞的孩子，甚至情緒一上來還會動手動腳。面對學校的關注，他們可能覺得，我們已經狠狠罵一頓了，這事就到此結束吧，不要再來揭開我們的恥辱了。

這種現象顯示，父母將孩子的情緒和自己的情緒混為一談，沒有區別。如果要父母做出傾聽孩子心聲的處置方式，父母就必須把自己的情緒和孩子的情緒分清楚。

遠藤老師：如果家長把孩子犯的錯當成自己的恥辱，這麼說來，很多疑問都可迎刃而解了。原來我們老師越和家長談起他們孩子的問題，他們就越感覺羞恥啊。

所以，如果你問我該怎麼做比較好的話，老師如果能將心比心，傾聽家長的心聲，了解他們聽到孩子惹麻煩了有多麼難過、多麼痛心、多麼氣孩子，如果能建立這樣的關係，家長也會稍微感覺到救贖吧。

遠藤老師：原來如此，我們要求家長能多努力一點，幫助孩子振作成長，但是正因為身為父母，所以才會傷痛，也因此防衛心特別強。如果自己站在家長的立場來思考就能充分明白。畢竟我們當老師的，常常會忘了家長的立場。與家長談到A同學的問題行為時，如果不要對家長提出種種要求，而是傾聽家長的心聲，用同理心說「伯母一定也很震驚吧」、「感覺被孩子背叛的心情一定很痛心吧」會好得多吧。

步美爸爸：的確是，希望能以這種感覺和老師談話。依我的做法，大概會差遣老婆

「妳去跟老師談」吧？也許自己還是想逃避。

步美媽媽：如果老師願意認真聽我說話，而我可以單獨和老師會談的話，我會覺得很安心。如果我放心的話，我老公也就可以不用一起投入了。

如果老師能認真傾聽父母因孩子問題行為而受傷的心情，家長便可能將自己的情緒與孩子的情緒分開，將自己的心情放一邊，去承受孩子的負面情緒了。

如果周遭要求家長當個「好父母」，家長會感到自己「做得不好的我」、「對育兒感到不安的我」的那部分被否定了，與育兒相關的負面情緒未受到認同，家長自己也很容易否認它。

而且，為了當「好父母」，就必須要求孩子成為「好孩子」，這將導致惡性循環。父母如果可以坦誠地認同自己對育兒的憂慮、對孩子的焦躁感，他們也就漸漸能認同孩子的不安和不足的地方。從這層意義來說，在家長與教師的交流中，如何避免讓家長受到「好父母」的規範而因此受到煎熬，是十分重要的。

第4章

現在，父母該怎麼做？

養育孩子總是摻雜著意想不到的情節，即使家長全心全意地想把孩子好好拉拔長大，還是會遇到出乎想像的事件，有時也會嘗到巨大的苦楚。

但是，克服這些苦楚的家長們，讓我們知道什麼叫做生命力。他們疼愛孩子的心思也總是點醒我們，孩子能夠拯救大人。

在這一章，我和一些已經克服困境的媽媽們進行對話，把他們的經驗談傳達給大家，可以供家長們作參考。

1　太郎的例子：我們家的孩子竟然會弄死金魚?!

太郎媽媽：事情發生在兩年前，太郎小五的時候。老師叫我到學校去，告訴我我們家的孩子把班上飼養的金魚全部弄死了。剛開始我很生氣、憤怒，覺得這是老師的欲加之詞。因為，從他小時候開始，我就耳提面命地告訴他生命的重要，說得他耳朵都快長繭了。而且他算起來也屬於懦弱型的孩子，不可能做出弄死金魚之類的事。

我一直覺得一定是哪家沒教養的孩子闖的禍，嫁禍給我的孩子，所以堅持說，太郎不可能做這種事。結果老師把太郎帶來，太郎也親口承認是他做的，我真想當場一頭撞死算了。

真的是晴天霹靂。聽到自己家孩子有那種殘酷行為的事實，對家長的衝擊程度，幾乎會讓人失去活下去的意義。

以前太郎是個什麼樣的孩子呢？

太郎媽媽：在他升上五年級以前，學校從來沒有警告過像這次這樣的問題。面談的時候，老師都說他很文靜、動作太慢，但是這部分我們本來就知道。我和我先生都知道太郎文靜，凡事說不清楚的性情，也不喜歡他拖拖拉拉、沒有男子氣概。心想必須早點讓他改過來，所以可能就這一點上比較嘮叨，經常罵他。

原來如此，所以太郎在家裡常常被罵？

太郎媽媽：對。現在回想起來，他也滿可憐的，可是如果他不早點把性格改過來，以後會「很糟糕」……

您覺得什麼地方會「很糟糕」？

太郎媽媽：冷靜的想想，當時覺得「很糟糕」是什麼事，好像自己也不太明白。反正我心中會有股強烈的不安情緒，所以覺得「很糟糕」。那明明是我的不安，跟太郎沒有關係，但是當時不自覺地認為「太郎這樣不行」。

這就是父母心啊。湧進母親心中的不安太大了，為了讓它平息下來，就有了「太郎如果多點男子氣概就好了」的想法。

為什麼「男子氣概」的性格或價值觀這麼重要呢？

太郎媽媽：我是在心理諮詢之後才發現這一點的。以前我自己在國中的時候曾遭到霸凌，現在回想起來依然是痛苦的記憶，當時有一度真的很想去死。所以，後來回頭看才明白是小時候的不安瞬間重歷其境了。因此，我的心中充溢著強烈的不安，強迫性的認為「必須早點調整太郎的性格」。因此我才會每天嘮叨、責罵。

因為疼愛孩子的想法太強烈，才衍生出這種思維吧。

後來太郎如何變好的呢？

太郎媽媽：他現在國中一年級，如果問「他變好了嗎？」我也說不上來，不過沒有再發生過弄死金魚的事了。真要說的話，也許應該說他現在成了「傷腦筋的孩子」（笑）。他闖禍之前，在家裡真的非常乖，不吵不鬧，又聽我的話，所以照應他很容易。然而我還是用「沒有男子氣概」為由經常罵他。……

現在，可能他也正好到了叛逆期的年齡，看不順眼的事變多了，父母說的話他也都不聽，什麼事都有自己的主張，所以處處都讓我很頭痛。最大的不同是，在家裡，他的喜怒哀樂都變得明顯多了，感覺他比較能展現真實的一面。所以，我有信心他不會再發生那種事了。

回想起來，以前在家裡，他的喜怒哀樂只會表現喜和樂的部分，所以我想，他的怒和哀都變成攻擊性，才會去弄死金魚吧。

太郎讀小學五年級時，每天在班上都是什麼樣子呢？

太郎媽媽：五年級的時候，他和班導師處得很不好。四年級為止的導師都很疼他，所以在這個層面上，即使在家裡被責罵，到了學校，導師也會包容他，所以也許比較能平衡吧。

現在回顧起來，我覺得五年級時發生金魚事件也是好事。導火線應該是班導師罵他，而他無處可以抒發的關係。這麼一想，當時他天天被罵，罵得全無自信，但是在學校裡又不能表現出苦惱的樣子，老師糾正他，也只會傻笑，本來就是個沒什麼反應的孩子，所以老師一定也被他搞得很生氣。他當時的筆記簿裡全都是塗鴉，有用刀刺殺的畫面，想必他在學校裡一定是坐立不安、焦慮煩惱吧。但是，他的臉上完全沒有顯露出異狀，所以我們也無法察覺到他有這麼沉重的痛苦。

您現在可以冷靜回顧當時的景象了呢。

哪段期間是您最感到痛苦的時候呢？

太郎媽媽：當然，一開始的衝擊最大。但是後來，我和太郎一起接受心理諮商，太郎開始表達自己的苦惱之後，親身面對這部分真的很難過。有一段時期，太郎一到晚上，便瞬間重歷其境過去被罵的恐懼，因而出現恐慌，打自己的頭、哭喊尖叫。我一想到心愛的孩子竟然活在這麼多傷痛情緒的積累中，身為母親我真的是情何以堪，實在太失敗了。

但是，我知道除了我，沒有人能救這孩子，所以我牢牢記住「孩子哭的時候就去抱住他」的原則。剛開始時，他不願意靠近我，但是漸漸的，太郎終於能在我的懷裡哭了。從那時候開始，我才感覺，也許身為母親的我能夠解救這個孩子，稍稍找回作母親的自信。

仔細想想，孩子難過的時候嚎啕大哭，母親過去將他抱在懷裡，不是極自然、極簡單的事嗎？只要去做就行了。然而我卻因為自己的不安，而不願打開心房去擁抱他。經過太郎的金魚事件，我也終於能自己擁抱自己的不安了。

您正面迎接保衛孩子生存的戰爭，也同時保衛了自己呢。

太郎媽媽：我真的有種九死一生，好不容易活下來的感覺。風暴過去之後，孩子的情緒表達變得很自然，不高興時就不高興，開心的時候就咯咯大笑。有時候，我還是會犯老毛病，念他幾句或是發脾氣，但是太郎現在會毫不認輸的回嘴，我覺得是很正常的母子鬥嘴。

現在深深體會到「哭的時候擁抱他」是多麼重要的事。孩子長大之後，其實已經沒辦法抱他了，但是我最近感覺到，只要接納他的心情，安慰他：「啊，你心裡一定很苦吧」，母子間的氣氛就會自動變得溫暖，就能形成「擁抱孩子的氣氛」呢。

像以前，對孩子感到不滿的時候，孩子周遭的空氣總是尖銳對立，孩子受到不快情緒操縱時，完全沒有安全地環抱他。

你先生現在如何看待當時的事呢？

太郎媽媽：我和我老公促膝長談，與其說是談，也許更像是針鋒相對。自從察覺我把自己過去的傷痛回憶套用在太郎身上而叱責他後，我就盡量努力地輕聲細語，但是我老公好像還是看太郎不順眼，一點芝麻小事就對他大呼小叫。以前我認為，我罵孩子的時候，他也一起罵的話，父母態度一致會比較好，所以也不以為意，但是我老公罵他的口氣非常重，所以我跟他說了好幾次，叫他別再罵了。剛開始他完全充耳不聞，也完全改不了「那種性格不好好教訓以後改不了」的想法。

很不容易吧。

男人也有自己的尊嚴，所以有時候太太一指責，反而會變得更固執哦。

太郎媽媽：是啊，我也是這麼想。也許我說話的口氣否定了他，所以這種情形如果持續不變，未來說不定太郎會因為少年犯罪而登上報紙，或是拿鐵棒把我們兩老殺了，想到這些，我開始考慮離婚。

當我下定了決心，準備回娘家時，老公終於願意敞開心房和我誠心溝通了。這時候我也才明白，我老公真的非常疼愛太郎，他和我一樣因為太愛太郎了，所以才弄巧成拙。

您和先生彼此有了共識了吧？

太郎媽媽：是的，我第一次聽丈夫說起，他是在什麼樣的環境長大，成長期間有著什麼樣痛苦的回憶。聽他說，他的父親也是非常嚴厲的人，所以從小父親就拿他和兄長比較，說他「沒有男子氣概」。直到現在，我老公說他還是不喜歡自己的性格。太郎和他爸爸很像，所以，我老公看到太郎，就像在展現自己的缺點似的，深惡痛絕。

聽到丈夫打開心門告訴我這些心底話後，我便打算跟他繼續過下半輩子。我也仍然懷著自己過去的傷痛，沒想到丈夫也一樣，因而生起憐惜之心。

這麼一想，以前我們倆雖然表面上是一對正常的夫妻，但是有些地方會避開爭執。雖然我們會責備太郎，但是我現在了解，這些年我們並沒有認真面對自己。

你們真是一對恩愛的夫妻，妻子接受丈夫的軟弱，丈夫也接受妻子。

太郎媽媽：對，是呀。所以，現在我們蠻感謝太郎的，雖然一度真的很想去死，但可以說拜太郎金魚事件之賜，清理了長年累積的沉痾。我老公偶爾還是會發脾氣，不過只要我當和事佬，他就會有所察覺，出外調整心情。責罵太郎不能解決問題已經是我們的共識了。

2　冴子的例子：我家寶貝是個小天使，怎麼可能是霸凌的大姊頭?!

冴子媽媽：冴子今年進高中，好不容易才穩定下來。回想起來，冴子第一次發出信號，應該是她小六的時候，可是那時候我沒有察覺那是她的信號。

某天家長會的時候，有人追問到我們班有霸凌的情形，當場雖然沒有公布姓名，但是許多女學生的家長都哭訴，他們的孩子如何遭到霸凌。聽起來好像有個大姊頭，在指揮其他孩子霸凌別人。我當時還事不關己的想：「那個頭頭的家長未免太淡定了吧。」甚至還覺得：「冴子不會也被欺負了吧？不過那孩子很檢點，應該沒問題。」「被霸凌的孩子恐怕自己也有問題吧。」

但是，家長會結束後，班導師把我叫住告訴我，大家說的那個大姊頭就是冴子。我感覺像是被推落斷崖，眼前一黑，什麼話都說不出來。

班導師說「冴子會不會有什麼壓力？」可是她平常開朗又活潑，生活中沒有一絲不滿，所以我實在想不出她會有壓力。

那時候的冴子是什麼樣子？

冴子媽媽：她有兩個年紀大她很多的哥哥，因為是小女兒，所以幾乎是捧在手心裡養大的。她什麼事一學就會，性格又開朗，是家裡的開心果，天天無憂無慮。她兩個哥哥花了我們不少心思才帶大，也因為冴子是女孩，比起上面兩個，照顧起來從來沒讓我煩心。我先生對冴子也是百般寵愛，非常疼她，總是說「冴子就像小天使」。所以，我們實在無法接受她會是「帶領霸凌的大姊頭」。因此那個時候，我們兩老故意忘了這件事，在家裡看到冴子的笑臉，就安慰自己「應該不是什麼嚴重的霸凌吧」，後來回想起來，那次就是第一個信號，但是那個信號我們沒有認真的接收。冴子把所有的悲傷、憤怒、不滿、焦躁當作沒發生過，依然笑臉面對我們，然而我們卻完全沒有察覺。

現在會後悔當時沒有接收她的信號嗎？

冴子媽媽：很後悔。仔細想想，當時，冴子為了考中學去上升學補習班，晚飯就在補習班裡吃便當，回到家都過了晚上十點了。沒有補習的日子，她也去學鋼琴和游泳，沒有自由的時間。即使如此，她還是每天早上準時起床上學，沒有一句怨言，所以我以為她游刃有餘，沒有問題，而且也因為冴子順應父母的期待，而為她感到驕傲、讚美她。更因為她達成父母的期待，身為父母我們也毫不猶豫地買禮物作為嘉獎，只要冴子說她想要雜誌模特兒穿的衣服，我們就買給她。

所以，我實在想不出她會有壓力和不滿。後來才知道，她得到的讚賞越來越把她逼到死境。

霸凌的事件就這麼過去了吧。但是進入青春期之後，冴子的危機才到來？

冴子媽媽：是的。她考上了第一志願的明星學校，在上國中二年級之前沒有異狀。或許應該說，我根本沒發現。因為是明星學校，周圍的同學都很優秀，冴子的成績大約中間偏下一點，我們家長是覺得既然是明星學校，成績過得去就行了。

可是，在冴子看來，她發現自己程度這麼差，真的大受打擊。父母可以用相對客觀的角度來看，在這個學校的話，這種成績也算差強人意，但是我想冴子有很強烈的自卑感吧。小學時代，她在學校裡不用怎麼努力，成績都能名列前茅，所以對還是孩子的冴子來說，這是一種世界倏然改變的體驗。

但是，我們夫妻倆都沒有察覺這件事，因為冴子還是照常在家裡當「開朗可愛的小天使」。

原來如此，孩子已經習慣了即使心裡煎熬，也不形於外，努力回應父母期待，所以學校發生的事就會在心理上造成壓迫。由於她的痛苦從不表露出來，父母自然也無從得知。

冴子媽媽：應該是這樣沒錯。國二暑假開始，她突然整個人變了。她認識了某高中男生，而且非常沉迷於和他的關係。我們一責怪她交男友，她就突然變臉，露出猙獰的表情，出言不遜地說：「少囉嗦，你們這些老傢伙，也叫父母嗎！」然後把自己關在房裡，想要割腕。割了腕，她平靜下來，又恢復原本可愛的樣子對我說：「媽媽，對不起。」

我們方寸大亂，不知道該怎麼辦好。我丈夫無法接受心愛的女兒性情大變，自此與女兒劃清界線。我只有天天哭泣。冴子看到我在哭，有時會不斷地對我說：「對不起、對不起」，有時又會謾罵：「你沒資格當媽！」

她交往的男生是什麼樣的孩子？

冴子媽媽：看上去是很普通的孩子，並不是不良少年，跟我們家一樣，父母用心教養的好孩子。所以，作為男友的話，看起來還算令人滿意。但是，他們倆竟然已經發生關係，我在冴子房裡發現避孕用品時，幾乎昏了過去。

我們越是不贊成，冴子就越沉迷於和男友的關係，回家時間也越來越晚。

看到她口吐粗話，面容凶惡的樣子，我就心如刀割，所以也就隨她去了。細心呵護長大的小公主，變成這種樣子，父母盡了全力也發現無法挽回時，的確會陷入想逃離一切的心情啊。

冴子媽媽：是的。如果可以永遠逃避下去，那該有多輕鬆啊。但是，她是我的孩子，我們怎麼能逃走呢。我們去找心理諮商師商量，他說，父母這時候逃走的話，孩子可能會去援交或是離家出走。家長如果不想辦法阻止，就保護不了孩子。所幸，本來無心介入的丈夫也和我一起去心理諮商，也下定決心面對冴子，好好與她溝通。

您們做了什麼樣的挽救呢？

冴子媽媽：我下定決心之後，就不在冴子面前掉眼淚了。我哭是因為覺得自己可憐，希望冴子顧慮一下我的感受。但是我對自己說，我必須當個大人，最受傷的是冴子才對，冴子才需要我們關懷。

回想起來，我們一直把冴子當成偶像，都是她在顧慮我們。冴子是我們夫妻的寵物，一直在療癒我們。冴子從來沒有對我們哭訴自己的苦痛或悲傷。所以，我痛下決心，為了讓冴子能在我們面前哭出來，自己不能哭。

是什麼力量讓妳能為孩子下定這種決心呢？

冴子媽媽：因為我愛孩子。也許當我做下決定時，才第一次成為母親。同時我也感覺到自己身為母親、身為大人愛護孩子的力量。

是那股力量救了冴子吧。

冴子媽媽：那是一段漫長的路。冴子發現懷孕了，告訴我們她想生下來，完全脫離現實的感覺。後來讓她去做流產手術，真的是難過極了。還好，我丈夫也做了心理準備，完全支持我。我在丈夫面前哭了不知道多少次。

心理諮商的過程中得到了哪些幫助呢？

冴子媽媽：心理諮商師對我們的指導中有幫助的是這些話：「冴子在父母面前露出猙獰的惡鬼表情，是因為她想得到醫治。」又說，「父母可以接受她的這一面時，惡鬼冴子與天使冴子才能合而為一。」以前，我不想看到冴子惡鬼的模樣，但是，這就表示我們家長否定了冴子憤怒與悲傷的部分。接受冴子的憤怒與悲傷，就看我們能不能擁抱惡鬼般的冴子。

這部分非常困難，但是如果我們做不到，我有預感不久的將來，只能把她送進精神病院了。所以，我想父母能做的，就是擁抱她。

用了什麼方法才將她抱在懷裡呢？

冴子媽媽：冴子出言不遜的時候，我們不為所動，然後試圖去感受冴子身體中湧出來的悲傷。像是當她說「你們沒資格當父母」或者「是你們害了我」等粗暴的話，如果我們把那些話當真，就會想反駁，也會想哭。但是，心理諮商師說「把它當耳邊風」就行了，所以我們聽了也不再「往心裡去」。

她說話的內容沒有意義，心理諮商師這麼告訴我們，所以我們也決定這麼認為，反倒是要用身體去感受冴子不吐不快的憂傷。

理智知道怎麼做，但還是很難達成。但是看著冴子的睡臉，心情自然變得溫柔起來，所以每天冴子睡著之後，我會輕撫她的頭，有時候冴子好像察覺到了，但還是裝出睡著的樣子，所以，我猜冴子也想撒嬌吧。

雖然天天這樣陪她入睡，某天，我們責備她晚上外出，她又再次對我粗言惡語。我與她直言相向，漸漸的，冴子娓娓道出長久以來，自己如何隱藏自己的感情扮演好孩子，如何的不安、憂慮。

於是，我哭了，但是這些淚水與過去我哭泣時流的淚不一樣。冴子的臉色也變了，淚如泉湧，然後我們相擁而泣。我已經好久好久沒有這樣抱過冴子了。冴子在心中苦楚狀態下撲進我的懷裡，也許是第一次。我們兩人一起哇哇大哭，一路走來我們付出了多大的犧牲，包括流產手術。然後，冴子慢慢地平靜下來。

因為你們擁抱時流下的淚，是妳接納冴子的痛苦，為冴子流的淚吧。

冴子媽媽：是的，這是我從來沒有體驗過的淚，也是賜予我當母親的自信的眼淚。我能與冴子敞開心胸對話，都是因為丈夫的支持。因為冴子粗暴謾罵時，我丈夫一直不為所動，用溫暖氣氛包圍我們，所以冴子也感受到爸爸在背後默默支持的力量吧。

負面情緒沒有得到社會化，仰賴封閉情緒來適應，表現出「好孩子」的孩子，到了青春期就會出現危機。這個時期沉迷於性關係，是因為透過性關係，能夠體驗到身體的安心感或安全感吧。一般認為中小學女孩在不成熟的性關係中，追求的是極度幼兒性的肌膚之親，這種身體的愉悅令她們難以自拔。

所以，如果與父母的關係中，孩子負面的情緒能得到完整的包容，找回身體安全的經驗時，她就能遠離過早的性關係。

冴子媽媽：所以，我現在也很後悔，小六時發生霸凌問題時，如果我們能注意到那個信號就好了。她當上霸凌的大姐頭，正是她封閉憤怒和悲傷，因此無法控制不快情緒的徵兆。

事到如今我懂得這個道理了，但是當時完全不會這麼想。從我自己的經驗我想提醒其他家長，如果自己的孩子在霸凌別人，請想想他在什麼地方感到悲傷。

現在冴子漸漸平靜下來了，她又恢復小天使的模樣嗎？

冴子媽媽：沒有。冴子小天使已經不在了。但我覺得這樣很好。唔，怎麼說呢？她有話直說，不高興就生氣，可是也會向我撒嬌說：「馬麻～我跟妳說哦」，就像尋常的叛逆期高中生。兩個哥哥在青春期時也是這樣，所以她這樣就好。孩子不會照著父母的想法長大，她的情緒表現在臉上，在學校如果遇到不高興的事，看表情就知道了，所以我也能找回當母親的自信。

3 義雄的例子：我們家孩子一定是身體出了問題，怎麼可能是精神方面的疾病?!

義雄媽媽：那是義雄國中二年級的時候，他說他頭痛。我一開始以為他感冒了，就讓他請假。可是第二天、第三天，每到上學的時間，他就說頭痛，痛得在地上打滾，所以叫了救護車送到醫院。做了各種檢查之後，什麼問題也沒有。然而他還是每天叫頭痛，不肯去上學。

我和我先生擔心，義雄會不會長了腦瘤，所以預約了大醫院檢查。現在一想起來，實在很奇妙，醫生說「沒有異常」時，我們覺得「他那麼痛苦，不可能沒病」，又帶他到另一家醫院。

另一個醫生說「是精神上的問題吧」，要他轉到身心科去。我們覺得，他根本是蒙古大夫，才會說這種話。應該說，我們這樣說服自己。

做了很多檢查吧。對義雄來說，會不會反而造成他的不安？

義雄媽媽：沒錯。當時沒有發現這一點，因為我和我先生光是自己的情緒都窮於應付，哪有餘暇去注意義雄的心情。後來才知道，義雄的社團將他從常規名單中剔除，與朋友之間又有摩擦，在學校裡非常痛苦，所以不想去學校，因而引發頭痛的狀況。

然而，我們卻自以為是的擔心「一定是腦瘤」，帶他到各大醫院一再檢查。這段期間也讓他擔心得不得了，害怕自己得了「不治之症」，頭痛因此越來越嚴重，形成惡性循環。

如果真的是腦瘤，那才真是大問題。你們為什麼會寧可希望他是身體的病痛，而不是「精神上的疾病」呢？

義雄媽媽：我們真是太蠢了，沒有身體病痛應該謝天謝地才對，但是要接受他是因為「精神上的疾病」而「拒絕上學」，這一點我和我先生都非常害怕。因此，讓義雄白白吃了很多苦。

自己的孩子拒絕上學是絕對不允許的事，對吧。

義雄媽媽：是呀。我以為「拒絕上學」就代表父母的管教方式有問題。承認「我家的孩子拒絕上學」，就好像是承認「我們做父母的失敗了」的感覺。當時沒有意識到這個道理，只是單純地心裡極度不安，四處尋求身體疾病的診斷。

假如你接受「我們做家長失敗了」這件事，你覺得接受這一點時的恐懼是從何而來？

義雄媽媽：我想還是因為我和我先生從小到大，父母教我們的價值觀一直都是「過一個沒有失敗的人生」吧。我先生真可謂企業戰士，他的同事因為生病而失去了升官的機會。在那種世界裡工作，必須不犯錯、不生病、完美無缺地待在崗位上，才能存活下來。

所以對我先生來說，孩子「拒絕上學」，從升學的行列中脫隊，有如自己身上的污點。我也是在父母完美要求之下長大，現在我母親還是會常常盯我：「有沒有好好照顧孩子？」隨時都懷著被父母否定的恐懼。很可能我們在無意識中覺得，如果他得的是「身體的疾病」，雖然是無法預期的不幸，但是至少不是我們的過失，這樣的想法會比較輕鬆吧。

家長自己也是在壓迫當中拚命掙扎才挺過來的，如果是在這種狀態的話，兩位家長與義雄之間，也許可以接受他身體上的疾病，但是如果他示弱、叫苦，就不願意接受，是嗎？

義雄媽媽：沒錯。回頭想想，有好幾次遇到這種情形。義雄是獨生子，所以我很心急，擔心他若是沒能早點社會化就會有問題，所以三歲就讓他上幼稚園。因為他的生日在三月，才剛滿三歲，和其他孩子比起來既年幼又瘦小。入學一陣子之後，他天天都哭，說不想去上幼稚園。但是，我擔心如果此時容許他撒嬌，以後會不會變成遇到討厭的事就逃走的孩子呢？所以我們用拖的用拉的強迫把他送去。他從幼稚園回來之後，指甲下方的皮全都腫了，我想大概是太緊張自己咬的吧。但是我認為「為了學著社會化，必須多忍耐」，所以沒有讓他請假。就在這段期間，他開始一再的嘔吐，小兒科醫生勸我們，讓他在家休息比較好，我們才沒送他去學校。

現在回想我才明白，他知道嘴上說不想去，我們不會聽，所以身體才會起反應。後來上了小學，他不再哭著說不去學校了，只是經常肚子痛或是頭痛。只要身體不舒服，我就會讓他請假，所以義雄養成了一遇到痛苦的事，就用身體症狀來訴求的習慣。

三歲左右的幼兒階段，哭著說「不要」的時候，如果父母能聽進去，他就會學到「不要」這個表達是有效的。因此，如果他學到「不要」這個詞無效的話，聰明的身體就會取代語言，用表現症狀來保護身體。這麼一來，他就會學習到，訴諸身體症狀來保護自己是有效的，所以一旦心裡難過的時候，他便不再用語言表達，而是固定用身體症狀來表現。這種身體症狀就是醫生所說的「精神上的疾病」。

所以，如果孩子能用語言來表達憤怒、悲傷、不安或不滿等情緒，而父母願意包容他的話，就不會出現身體症狀，起初的問題也能一併解決。

義雄媽媽：確實，經過了如您所說的過程，義雄克服了障礙。我們夫妻透過心理諮商，也發現自己因為疲於憂慮的情緒，而從來沒有注意到義雄受到什麼樣的折磨。當我們開始關注義雄苦惱的原因，才知道他苦惱的是「擔心自己會不會得了不治之症」。

義雄自己和心理諮商的醫生談過之後，了解自己很健康，心中的苦惱也都是國中生常有的煩惱，所以情緒也就穩定下來。

家長承認孩子的症狀是精神性的疾病，應該也為家長本身帶來很大的變化。您覺得是什麼原因讓你們達成了這麼困難的事呢？

義雄媽媽：唔——，這是個很難回答的問題。應該是心底有著一份必須解救孩子的堅持吧，也可以說是出於對孩子的愛。我也和丈夫說過，現在看起來，我們有些地方是義雄救了我們。丈夫的工作方式改變了，有些價值觀也變了。他自己對過去豁出性命與人競爭的生活方式產生了疑問，他也在想，現在雖然處在無法脫離軌道的狀態，但是能不能稍微放鬆、自由一點地工作呢？

而我，活到一把年紀才終於懂得反抗母親了。以前對母親的干涉雖然感到鬱悶，但是自童年開始一直習於順從父母，扮演「好孩子」的角色。接受義雄拒絕上學的事實後，我終於敢對母親說：「我已經盡我所能的在教養孩子，你不要管。」

意外的是，母親竟然爽快地說：「哦，是嗎？你也長大了呢。」也許我自己還留著孩子的印象，才會擔心直言頂撞母親，她會不會罵我或者是干涉得更嚴重。結果卻是交互作用。這時我才深深感覺到我一直順服母親，母親就無法放心，而當我行為舉止像個成人，母親似乎也就接受了。

透過接受義雄的挫折，你們夫妻也能夠自由地過活了。

義雄媽媽：待在風暴中央的時候，從來沒有想得這麼遠，但是正因為我們愛孩子，只要這份心意不變，我相信一定能夠克服萬難。

4 隆子的例子：只要孩子肯去上學，即使割腕也沒關係?!

隆子媽媽：隆子國二的時候，我接到連絡，說她在學校裡割到手，被送到醫院去。我擔心她出了什麼意外，趕緊跑到醫院去，結果原來是她自己用美工刀割的。我很生氣地問：「妳為什麼要做這種傻事！」幫她縫合的醫生說，她還有很多傷疤，「她不是第一次哦，好像經常這麼做，你帶她去精神科好好看一下。」我氣死了，氣得不知如何是好。

以前一直沒有發現嗎？

隆子媽媽：沒有。因為她很開朗又有活力。我有看過她戴著腕帶，但是我以為她只是模仿網球選手，愛裝酷罷了。保健室的老師好像早有察覺，他說，應該是國一下學期就開始了吧。送她到醫院時，隆子說，她像往常一樣在廁所裡割手，可是手一滑不小心割太深，血流不止，心想「這下不妙」所以才去保健室。她蠻不在乎地說，本來並沒有打算割那麼深，也完全沒有想死的念頭。

所以我把她臭罵一頓：「我都快忙昏頭了，妳還做那種傻事！」

隆子以前是什麼樣的孩子？

隆子媽媽：唔，這個嘛。隆子功課還算不錯，社團活動也很認真，蠻有人緣的孩子，周圍的人經常叫她「有教養的美眉」，所以也是我的驕傲。她從小不用我費什麼心，什麼事都會乖乖做好，所以漸漸的，我也理所當然地要求她。所以，當我知道她割腕時，腦袋裡最先想到的，不是隆子的心情，而是「讓我蒙羞」那種被背叛的感覺。

她是你驕傲的女兒，想必是你很大的支柱吧。你覺得她支持你的哪個部分呢？

隆子媽媽：說來說去還是那部分吧。隆子「乖巧聽話」的話，我就可以拋開一些不想面對的事。她在這部分是我很大的支柱。隆子「乖巧聽話」，就證明了我的家庭美滿。我覺得正因為隆子「乖巧聽話」，現在的家才能維持下去。所以，一開始去和心理諮商師面談時，我心裡還想，雖然她割腕，但是人也沒死，只要她心情發洩完了，又能乖乖去學校的話，那就讓她割吧。我的感覺是，既然現在的狀況無法改變，隆子只不過割個腕，也沒什麼大不了的。而且隆子照樣開朗，也認真上課，所以腕帶下有傷這個事實很容易就可以閉眼不看。

孩子割腕，是因為她身體裡湧出憤怒、悲傷、不安等滾滾能量，恐懼的感覺不斷向她襲來，為了逃避那種狀態，她才會割腕。因為這麼做她才能夠回復到大人期待的好孩子模式。

隆子是懷著什麼樣的憤怒、悲傷或不安呢？

隆子媽媽：隆子心中堆積了滿滿的痛苦，她不想面對的憤怒與悲傷，也就是我不想看見的憤怒與悲傷。除了這些之外，隆子還有在學校交友關係和學業上的壓力。

最後，我決心面對隆子的痛苦時，也必須面對自己不想碰觸的問題，因而決定離婚。

因為你先生的關係，這些年吃了很多苦吧。

隆子媽媽：是的，雖然努力了很多次試圖挽回，但是努力維持住一個家，我就得無視、麻痺自己的痛苦，否認家裡出現的任何問題。我老公是個會動粗的人，也就是所謂的家庭暴力。過去我一再考慮離婚，但是一方面我擔心單靠打工的收入很難維持生活，所以我以為只要隆子乖巧聽話，維持「正常的家庭」，保持有父親在的狀態，對隆子比較好。

但是，隆子都看在眼裡。上了國中，很多事她都懂了，明明看到爸爸動手打人的樣子，家人卻把憤怒和傷心埋在心裡，她當然會感到是非顛倒。我想，除非我承認自己的憤怒與悲傷，否則隆子就無法整合她心裡的負面情緒吧。但是，一旦我向自己承認了憤怒與悲傷，就只有離婚一條路可走了。所以，如果我不想面對它，我以為如果能無視它而生活會比較好。

所以，當你知道隆子割腕的時候很生氣。因為母親長年努力維持的假象，被她一下子推倒了。

隆子媽媽：大概是吧。現在想想，我真是個過分的母親啊。到頭來，是隆子救了我。聽協助隆子的學校輔導老師說，剛開始的時候，隆子只說些開心的事，從來不提煩惱。但是從我決定離婚，並且把自己的想法告訴隆子之後，隆子也漸漸願意向輔導老師談自己的父親和自己的痛苦了。只要一感到憂慮就想割腕的狀態持續了一段時間，但隨著我們的生活穩定下來，她願意向我吐露自己的不安時，也就不再割腕了。

當您接受自己心中過去否認的憤怒、悲傷、不安等負面情緒，隆子也變得能面對這種情緒，接受輔導老師的幫助，成長為可以安全保有憤怒和悲傷情緒的狀態了。親子之間的情感、親子的力量真是偉大啊。

母親守護自己的人權，也是救了孩子。為了讓孩子幸福，父母自己必須先得到幸福才行。

第5章

大人的義務與責任

這一章來談談我個人寫這本書的初衷與想法。

1 不要把「放心哭泣的孩子」當成「好孩子」那樣的目標去追求

在這本書中，我希望傳達給正在育兒的父母親「教孩子放心哭泣」的觀念。但是，我在下筆的時候，盡可能避免讓讀者大眾覺得，這是一本如何教養「好孩子」的指導手冊。

為了讓讀者了解「教孩子放心哭泣」為什麼重要，我提到「乖寶寶」的負面情緒沒有社會化，藉由解離模式適應時，將會面臨的種種危機。看著從小到大的乖寶寶，卻突然恍若他人一般表現出攻擊的態度，家長心中一定有個大大的問號「為什麼？」，若想解開這個「為什麼」並了解孩子心中的傷痛，首先必須從原因來解釋。

但是，就這樣子來解釋原因，讀者很容易會解讀成「那麼，在嬰幼兒健診中，確實教導家長的話，大家不就都能養出乖孩子，預防事件的發生嗎？」實際上，我在演講的場合，也有人提出這種問題或要求。

此外還有可能最後用「父母的錯」、「父母的責任」等字眼來歸納一切問題，使得育兒的家長們「必須養出乖孩子的壓力」更加升高，導致社會的惡性循環。為了極力防止這樣的誤解，本書才刻意使用與父母、老師對話的形式，將想傳達的訊息傳達出來。

我想傳達的是第四章裡介紹的，父母力量的偉大——面對孩子能夠敞開心胸，不再假裝孩子和自己沒有痛苦，而改變自己的力量。我認為大多數疼愛孩子的家長都擁有這股潛在的力量。但是，很遺憾的，現狀中家長幾乎都是在孩子忍受了巨大的痛苦之後，才發現這股力量。所以，我寫這本書的初衷，是希望如果能在不犧牲孩子之前就發現這股力量，該有多好啊。

孩子只會在靠得住的大人面前哭泣，所以「教孩子放心哭泣」的訊息，也等於是要我們大人不要逃避苦難與傷痛的訊息，因此我才在原文書的副標題加上「父母有教育孩子情緒的義務」等強烈字眼。

因為，重點是我們大人是否有面對痛苦不逃避的決心。

2「無痛文明」與我們的育兒

雖然，為了不要養出「將來出問題的好孩子」，如本書建議的方法會比較好，然而這樣的主張又會成為培養「真正的好孩子」的指導手冊，而邁向「真正好孩子」的盡頭，還是會養出「將來出問題的好孩子」。在這種社會潮流中，我很擔心本書的撰寫，會不會只是加入了折磨孩子們的洪流當中？更何況，出版社為了賣書，很諷刺地有時也必須迎合社會的需求。

就在這個當兒，我發現了一本書，明快地解開了自我束縛的窒息狀態，它是大阪府立大學森岡正博教授《無痛文明論》（二〇〇三年）的思想。了解無痛文明所在的現代社會背景，就可以了解我們正在落入什麼樣的陷阱。在此，我想引用森岡正博的思想，來思索育兒的問題。

森岡正博教授說：「我們心中有著一種欲望：盡可能追求快樂、舒適與安樂，逃避痛苦、傷痛、難過。」他用「身體的欲望」這個詞來表達這個概念，而「身體的欲望是驅動我們文明的原動力」，讓世界進化到無痛化。

我們的文明的確是朝著便利、輕鬆的目標持續進化著，而我們正活在這樣的恩典中。為了逃離暑熱，冷氣機普及了，但是都市中卻因為室外機的熱風和瀝青的交互作用而形成熱島效應，於是我們越來越無法忍受沒有冷氣的狀態，即使知道環境問題越趨嚴重，但是，把冷氣關小，開始悶熱的話，就會無法忍受。的確，文明已經發展進化到人類可以方便、輕鬆、舒適的生活了。

他說：「在無痛文明中，痛苦或難過等感覺，變成只是我們可以自己選擇的選項之一了。」例如，經由出生前的診斷，了解胎兒有嚴重的障礙時，文明會朝著從一開始就消除其存在的方向進行。選擇勇敢地把他生下來，就代表著「選擇苦果」的意涵在裡面，我們就活在這樣的文明中。因此，「在無痛文明中『預防性無痛化』的架構高度的發達，也就是說，不只消除現在存在的痛苦，也周到地事先預測未來將會襲擊我們的痛苦，而在當下，預防性地將可能未來會造成痛苦的原因，悉數抹除它的存在。」

我們生活在這種無痛文明中，這麼一想時，就能找到「以前的人也並不重視孩子們的負面情緒，為什麼現在的孩子那麼脆弱呢？」」的答案。我們可以隱約的想像，現代社會的種種歪曲對孩子們的發育帶來了危機，而關於「無痛文明」的加速化給人類造成影響的思考，讓我感覺到我在臨床上深切感受到的危機感，已能夠透過語言表達出來了。

大人在無痛文明中，總是活在預防性地採取「小心不要淪為不幸、小心不要吃苦」的對策中，而且也活在它的恩典中。森岡正博教授指出大人與它具有「共犯關係」。這話十分有理。我自己也蒙受無痛文明的恩賜，活在被帶入促進其文明的共犯關係中。

森岡正博教授在《無痛文明論》中尖銳地指出，伴隨出生前診斷的進步而出現的「生命品質管理」，帶來「有條件的愛」的問題。「有條件的愛」也是現代父母為追求理想子女，而拚命教養出「好孩子」的形成背景。如果今後文明的進化中，能夠在基因的層次實現「理想子女」的話，不難想像成長過程中會發生更大的悲劇，因為操作基因而成為「理想子女」的孩子，更加不被允許背離父母期待的哭泣、生氣吧。

孩子們會本能地與無痛化對抗吧，大人正因為愛孩子，才會試著預防性地無痛化，以免讓孩子受到痛苦，希望孩子永遠快樂、歡笑，不痛苦、不悲傷、不害怕。因此，他們做了種種預防對策。

但是，正如本書不厭其煩地強調，痛苦、悲傷、害怕、厭惡、生氣等孩子本身的情緒，是從身體裡湧出來的生理現象。孩子會用各種各樣的方式，抗拒這種生理現象的無痛化，因為孩子擁有豐沛的生命力。感到痛苦而不想上學的孩子，就是拒絕家長用上學來迫使他無痛化的孩子。封閉情緒，扮演好孩子的孩子，可以暫時接受無痛化，但是生命力不久之後就會起兵造反。孩子們會全力地向大人發出警告，雖然適應卻割腕的孩子，還有暴怒小學生的增加，就意味著這一點。

第四章介紹的家長故事告訴我們，正面迎向孩子的問題，不逃避痛苦，與孩子一起感受痛苦才能存活下去。這種勇闖荊棘路的力量，是從愛孩子的心思中產生的。

我相信，不論時代怎麼變化，只要我們珍惜自己的孩子，疼他愛他，我們大人就可以改變。我相信，那是唯一的路。從這層意義中，本書把重點放在「父母教養孩子的責任」，但這裡的「責任」並不是追究「父母責任」的意思，而是我相信父母具有保護、養育孩子的力量。

3 「寬容」的真義

在心理治療、心理諮商等字眼漸漸普及化當中，應該有很多人知道在諮商當中「寬容」的重要。確實，在心理治療或諮商的過程中，「寬容」、「被寬容」是極為重要的步驟。當家長傾訴「孩子說他不想去學校」，諮商師回答「請寬容孩子的心情吧」，一般對這樣的回答也都能理解。拒絕上學的增加漸漸成為社會問題，在育兒、教育方面，寬容孩子的重要性受到注目，這點令人欣慰。但是「寬容」這個詞，還有後來給人的印象，似乎縈繞著許多誤解。

我們都有過這樣的體驗：向他人訴說自己的苦衷時，如果能得到無條件的寬容，心情便能平靜下來。但是，這裡的「無條件的寬容」會不會被誤認為「任何事都可以得到原諒」或是「反正先放鬆就行了」呢？會不會只是用「寬容」讓自己站在有利的立場，好逃避面對痛苦或心結呢？如果這樣的「寬容」在社會上蔓延開來，心理諮商的理念在社會上恐怕會成為無痛化的幫手，成為無痛文明的裝置之一。為了讓人們認識心理諮商這份工作，也許充當無痛文明的裝置是它的宿命？

對「寬容」的誤解也產生出管教與寬容似乎不能同時成立的情況。**管教是由三個要素組成：①保證孩子發育的必要框架，②不想套入框架的孩子表露的不快情緒，③大人寬容孩子的不快情緒，但要溫柔而堅定地不去破壞框架。**①的框架指的是睡眠時間、均衡的飲食、與生活節奏相關的親子規矩。這些規矩都是為了孩子身心健康而設定的，符合年齡的適當性在框架中十分重要。

例如，要求小學一年級的孩子五點回家，是適當的管教框架，但如果對國中三年級做同樣的要求，就不妥當了。如前述之例，框架若沒有考慮到符合發育年齡的適當性，管教與虐待就只是一線之隔。另外，為了配合父親回家時間，讓小學生到晚上十一點才就寢也無妨的框架，是為配合家長的方便而設，對孩子的身心健康無益，所以這種框架就不能算是管教。通常，人們提到管教大多只想到①的意思，但是管教必須與②③的要素組合起來才能成立。

即使框架是為了保護孩子成長發育而設，但是孩子也會衝撞框架，感覺不滿，表露出不快情緒，也就是表現出鬧脾氣、拖拖拉拉、哭泣、生氣等「小麻煩」的姿態。

前面一再提過，表露不快情緒的孩子，是健康的孩子。所以在這裡，如果孩子表現出無法表露不快情緒的狀態，那麼可以說管教根本就不成立。有了②的階段，而且有寬容他的不快情緒，但是不改變框架的大人，孩子才算是受到管教。第③階段相當於負面情緒社會化的階段，寬容意味著不破壞「不准就是不准」的框架，但是可以擁抱孩子的不快情緒。為了讓管教成立，大人必須維持大人溫柔但堅定的態度。恐嚇孩子來控制他並不是管教。所以，管教與寬容並不是對立的兩件事，而是疼愛孩子的行為中自然能實現的作為。

「寬容」其實是非常不容易的態度，寬容痛苦，代表著「苦其所苦」，在某個意義上是帶著殘酷的工作。在逐漸無痛化的社會中，我們越來越不願苦其所苦，悲其所悲，只有發現痛苦，努力去苦其所苦時，寬容才會由此而生。從這層意義上，被寬容的人自然能得到找到光明的力量。親子之間的寬容也是如此，當父母能夠體嘗孩子的苦時，孩子自己的苦就能減半，因而由此尋得光明。

試著教孩子放心哭泣吧。會哭的孩子是懂得信任別人的孩子。會哭的孩子是心靈具有自然療癒力的孩子。會哭的孩子，是能靠身體的力量安全地保有自己的不快情緒的孩子，他們也都是具有生存力的孩子。

後記

就在兒子即將高中畢業時，我自己的育兒任務也來到了尾聲。

孩子小的時候，天天希望他快點長大，但是到了現在，卻祈禱時間能夠停止。沒有經歷過孩子離巢的人，實在很難想像它會伴隨著這麼嚴重的失落感。

最近，我發現《輝耀姬物語》（譯注：吉卜力工作室導演高畑勳依據古典文學《竹取物語》而改編的動畫電影）裡隱含著育兒的教誨。不論老夫婦如何疼愛從竹子裡領養的公主，最後她還是遠行到月世界去。為了把她留在身邊，父母為她招親選婿，做足了萬全的準備，但父母的心願到最後還是未能達成。「育兒就是這麼回事啊」，就是古人要告訴我們的，即使是我們自己親生的孩子，也像是從竹子裡領養一般，只能負起照顧他二十年的任務，如此而已。

我兒子小的時候養過螯蝦，而且從牠腹部滿滿的蝦卵中，生出可愛的紅色小螯蝦來。紅色的螯蝦隨著水流擺動，稍微搖動一下水槽，小螯蝦就會驚慌地垂掛在螯蝦媽媽的肚子下面。而螯蝦媽媽則揚起尾巴，好讓所有寶寶順利回來。等全體到齊之後，螯蝦媽媽就把尾巴捲起來保護孩子，小螯蝦與媽媽之間的親情真令人感動。

但是，曾幾何時，小螯蝦稍微長大，身體的甲殼變得明顯時，突然間，螯蝦媽媽開始吃起小螯蝦。孩子長大的某一天，開始變得親不親、子不子了。自然界中，這個時期小螯蝦獨立，已經再也回不到媽媽肚子下面了。在螯蝦的DNA裡可能烙印著，從這時開始不再將小螯蝦視為自己孩子的規則。窄小的水槽裡，螯蝦媽媽把自己孩子當成入侵地盤的外敵，小螯蝦兄弟也互相殘食，最後我們只好把殘存下來的小螯蝦一隻隻分別放到用草莓包裝盒權充的水槽裡，我們家一時成了螯蝦養殖場。

從人類的眼光來看也許很殘酷，但是，活在現在這時代的我們，也許必須有心理準備學習螯蝦那樣與子女一刀兩斷。孩子長大不工作，父母若是不斷地金援他，孩子會更加不去工作。然而，若是不金援他，自己又會擔心得不得了。孩子到了青年期之後，父母已經不再能抱抱他、給他幫助了。對長大的孩子來說，父母的插手只會成為重擔。很多大學生都抱著父母期待的重擔，飽受折磨。

本書寫的是育兒的心理準備，而接下來我的課題是孩子離巢的心理準備了。

我由衷希望許多拚命掙扎求生的孩子能夠得到安寧，並且健全地長大。

最後對建議我本書企劃的編輯部初鹿野剛先生，致上感謝之意。

二〇〇五年十一月十五日

大河原美以

國家圖書館出版品預行編目資料

希望每個孩子都能勇敢哭泣：情緒教育，才是教養孩子真正的關鍵／大河原美以著；陳嫺若譯. -- 初版. -- 臺北市：經濟新潮社出版：家庭傳媒城邦分公司發行, 2020.08

面；　公分. --（自由學習；33）

ISBN 978-986-99162-1-9（平裝）

1. 兒童心理學　2. 情緒教育　3. 親子關係　4. 親職教育

173.1　　109010326